会社別就活ハンドブックシリーズ

# 2025

# スクウェア・エニックス HDの 就活ハンドブック

就職活動研究会 編
JOB HUNTING BOOK

# は じ め に

　2021年春の採用から，1953年以来続いてきた，経団連（日本経済団体連合会）の加盟企業を中心にした「就活に関するさまざまな規定事項」の規定が，事実上廃止されました。それまで卒業・修了年度に入る直前の3月以降になり，面接などの選考は6月であったものが，学生と企業の双方が活動を本格化させる時期が大幅にはやまることになりました。この動きは2022年春そして2023年春へと続いております。

　また新型コロナウイルス感染者の増加を受け，新卒採用の活動に対してオンラインによる説明会や選考を導入した企業が急速に増加しました。採用環境が大きく変化したことにより，どのような場面でも対応できる柔軟性，また非接触による仕事の増加により，傾聴力というものが新たに求められるようになりました。

　『会社別就職ハンドブックシリーズ』は，いわゆる「就活生向け人気企業ランキング」を中心に，当社が独自にセレクトした上場している一流・優良企業の就活対策本です。面接で聞かれた質問にはじまり，業界の最新情報，さらには上場企業の株主向け公開情報である有価証券報告書の分析など，企業の多角的な判断・研究材料をふんだんに盛り込みました。加えて，地方の優良といわれている企業もラインナップしています。

　思い込みや憧れだけをもってやみくもに受けるのではなく，必要な情報を収集し，冷静に対象企業を分析し，エントリーシート作成やそれに続く面接試験に臨んでいただければと思います。本書が，その一助となれば幸いです。

　この本を手に取られた方が，志望企業の内定を得て，輝かしい社会人生活のスタートを切っていただけるよう，心より祈念いたします。

就職活動研究会

# Contents

# 第**1**章

## スクウェア・エニックスHDの会社概況

会社によって選考方法は千差万別。面接で問われる内容や採用スケジュールもバラバラだ。採用試験ひとつとってみても，その会社の社風が表れていると言っていいだろう。ここでは募集要項や面接内容について過去の事例を収録している。

また，志望する会社を数字の面からも多角的に研究することを心がけたい。

# ✔ 企業理念

## ■企業理念

### 最高の「物語」を提供することで、世界中の人々の幸福に貢献する。

企業理念とは、私共の目的、当社の存在意義のことです。

お客様皆様には、それぞれの幸福の形があります。

私共は、上質のコンテンツ、サービス、商品をお届けし、お客様ご自身に素晴らしい物語、すなわち思い出を作っていただくことで、皆様のかけがえのない幸福のお手伝いができればと願っています。


## ■経営指針

企業理念を実行するうえで、以下のポリシーを重視してグループ経営を推進してまいります。

### 1. 最高のエンタテインメントをお届けする企業を志向する。

ゲーム、アミューズメント、出版、マーチャンダイジングなどのコンテンツ・サービスの提供を通じて、お客様に常に最高のエンタテインメントをお届けするよう努めてまいります。

### 2. 革新性・創造性を重視する。

新しい表現やアイデアを産み出し、いまだかつてなかったような体験を創り出すことによって、お客様の期待を超えるコンテンツ・サービスを提供してまいります。このような不断の取り組みが、我々の存在価値であり、ブランド価値であると考えております。

### 3. 環境変化に敏感かつ柔軟に対応する。

我々を取り巻く事業環境は、刻々と変化しています。そのような変化を敏感に察知し、我々のコンテンツ・サービスの内容・形態やビジネスモデルを柔軟に対応させ、さらには、変化そのものを先取りすることで、面白さと楽しさを追求してゆきます。

### 4. 協調的かつ競争的な企業文化を醸成する。

当社のコンテンツ・サービスは、チームワークの賜物であり、チーム一丸となった協力なしには成し遂げられません。一方、お互いに切磋琢磨し、能力を高め合っていくことも重要です。このような「競争ある協調」を促進するような企業文化を育んでまいります。

# ✔ 会社データ

| | |
|---|---|
| 設立 | 1975（昭和50）年9月22日 |
| 所在地 | 〒160-8430<br>東京都新宿区新宿6丁目27番30号<br>新宿イーストサイドスクエア |
| 代表取締役 | 代表取締役社長 桐生 隆司 |
| 上場取引所 | 東京証券取引所 プライム市場（証券コード：9684） |
| 資本金 | 240億39百万円<br>（2023年3月31日現在） |
| 発行済株式総数 | 122,531,596株<br>（2023年3月31日現在） |
| 売上高 | 3,432億円<br>・デジタルエンタテインメント事業 2,455億円<br>・アミューズメント事業 563億円<br>・出版事業 291億円<br>・ライツ・プロパティ事業 156億円<br>（連結、2023年3月期） |
| 従業員数 | 4,712人<br>（連結、2023年3月31日現在） |

# ✔ 仕事内容

## ゲームビジネス企画・運営

### プロデューサー

プロデューサーは、ビジネスとして制作するコンテンツを成功させることに責任を持つ人です。ゲーム・コンテンツビジネスの企画・予算を立てるところから、開発プロジェクトを立ち上げ、開発・運営の管理、プロモーションなど、ゲームをお客様にお届けするまでの全ての工程に携わり、プロジェクト全体をリードしながら進行・方針の決定を行います。

プロジェクトの先頭に立ってメンバーたちを牽引していくという役割のため、決断する力や市場をよむ力、客観的な視点、そして何よりまだ世の中にない「面白さ」を提供したいという熱意を誰よりも強く持つことが必要です。

### プロジェクトマネージャー

プロジェクトマネージャーは開発プロジェクトにおける方針に従って、プロジェクト内外と調整をしながらゴールである発売日を目指し進行管理をします。プロデューサーやディレクターと連携しながら、スケジュール・予算の管理や調整、タスクや進行の管理、スタッフの管理を行います。また、他部署との調整、外部開発会社との交渉・調整などもあり、プロジェクトに応じて開発進行に必要なサポートを行います。

多くの関係者と連携し、プロジェクト全体を俯瞰して抜け・漏れがないかを確認しながらプロジェクト内の課題を一つひとつ解決していくため、複雑な物事を整理し適切に伝えるコミュニケーションが必要となります。

## ゲーム・映像開発

### アーティスト

ゲーム開発におけるアーティスト（デザイナー）の役割は下記の様に細分化されています。

各セクションにおける専門的なスキルは入社後に習得することができますが、コミュニケーションやチームワークは全セクションで共通して必要とされます。

多様なコンテンツを展開している当社では、トップレベルのアーティストたちが集っており、その中で自身の能力を磨くことができる環境となっています。

## 2D アーティスト

アート（コンセプトアート、キャラクターデザイン、服飾・武器・ガジェット・家具・装飾具などのデザイン）、企画意図に沿った最適な UI デザインなどのセクションに分けられます。

アートでは基本的なデッサン力・構成力・世界観の構築力が必要となり、UIでは UI・UX の理解や高品質な絵作り・見せ方への追求心が必要となります。

## 3DCG アーティスト

キャラクターの設定画をもとに立体化する 3DCG キャラクター、コンセプトアートの世界観を CG で表現する 3DCG 背景（エンバイロメント）、キャラクターやモンスターに命を吹き込むモーション、ゲーム内ムービーを演出するカットシーン、魔法や爆発などの特殊効果を作成する VFX（エフェクト）、光源を調整しゲーム内の最終的な見栄えを制作するライティングなどのセクションに分けられます。

3DCG キャラクターでは造形力、3DCG 背景ではゲームの流れを理解しながら絵作りをする力、モーションではキャラクター性や感情表現をアニメーションに落とし込む力や論理的思考力、カットシーンではカメラワークの基礎知識や演出技法の理解、VFX（エフェクト）では企画意図を理解し文章から絵のイメージを創造できる力が求められます。

## テクニカルアーティスト

アーティストが作るアセットのクオリティや制作効率を向上させるために、様々な手法を用いて課題の解決方法を提案しサポートする仕事です。

テクニカルアーティストの中でも、アーティストが使う DCC ツールの拡張やワークフローを整えアセット制作工数を削減する効率化や、最新ツールの調査を行いその技術をゲーム表現へ落とし込む研究開発、作成したアセットを実際にゲームへ組み込む実装作業など幅広い役割や分野があり、プロジェクトによっては分野ごとに細分化される事もあります。

課題解決にあたり、どこに課題があるのかを見極め効果的な改善案を検討するために必要となる論理的な思考能力や情報収集能力、大きな課題をチームで解決するためのコミュニケーション能力が求められます。

Maya、Houdini、Unreal Engine などの DCC ツールやゲームエンジンの中で何か一つでも特化した知識・経験や、プログラミングの基本的な理解をお持ちだと、なお業務の幅を広げやすくなります。

## ゲームデザイナー

ゲームの「遊び」をデザインする仕事です。ディレクターの方針に従って、バトルやクエストなどのシステムからゲームのサイクルに至るまで、ゲームを構成する一つ一つを企画し、ゲームエンジニア、アーティストと共に形にしていきます。基本的にプロジェクトには複数名のゲームデザイナーがおり、セクションに分かれて業務を遂行していきます。

共に働くプロジェクトのメンバーに対して自身の企画を説明する際、「何がやりたいのか」「なぜそれが必要か」を伝えなければいけないため、普段から自分が面白いと思ったものを分析し言葉にする力と、最終的に企画した形まで作り上げる実行力が必要となります。

## ゲームエンジニア

グラフィックス表現やプレイヤー操作、パラメータ計算など、ゲームに必要な要素の全てをコンピュータ上で動作させるためのプログラムを記述する職種です。大規模なプロジェクトの多い当社には専門性の高いゲームエンジニアたちが数多く集っており、各領域で世界トップクラスの技術を追求しています。いくつかのセクションに分かれ互いに協力をしながら業務を遂行していく上で、技術研究を含め試行錯誤しながら自身の担当分野を突き詰めていくことが可能です。

この職種で重要になるのは「良いゲームを作りたい」という強い情熱と論理的思考力です。また、問題に行き当たった際に、諦めることなく解決に取り組める粘り強さも必要となります。

実力主義のため年齢に関係なくリーダーや重要なポジションを任されることがあります。キャリアにはリーダーとしてチームを率いる道や、技術力を磨き続けてチームに貢献する道などがあります。

## CG 映像エンジニア

ゲーム内のオープニングやエンディング、ゲーム中のイベントなどで使用されるハイエンド CG 映像の制作で必要になるエンジニアリング業務を担当します。

アーティストからの CG 表現に関する要望に対して、具現化するための調査・検証などの研究開発業務のほか、サポートツールの開発・運用、パイプライン・ワークフローの開発、モーションキャプチャースタジオ向けの開発など、多彩な業務があります。また、映像制作で必要となる大規模なレンダーファームや

ストレージの管理、アーティストの利用する制作環境の構築まで、幅広いインフラ構築も含まれます。映像制作や 3DCG に対して熱意を持ち、制作全体を俯瞰して、業務に取り組む姿勢が必要となります。

### サウンドプログラマー

マルチプラットフォームに対応するサウンドドライバの制作、サウンドデザイナーにより作成された効果音などの管理システムやサウンドツールの制作、ゲーム用特殊音響機能の制作、ゲーム開発プロジェクトのサポートなどを担当します。

ゲームサウンドへの興味関心はもちろんのこと、プログラムの基本知識・スキルは必須となり、その上でサウンド専用の知識（オーディオ関連の API、プラグイン、ミドルウェアなど）を駆使して業務を遂行していきます。技術知識に貪欲な方であれば、ゲーム開発プロジェクトサポート時におけるゲームエンジニアとの連携やサウンド技術の研究開発にも活かしていく事が可能です。

### サウンドデザイナー

ゲーム内にて使用される効果音の作成、音声（ボイス）収録・編集、サウンドデータの加工・編集、ミキシング、専用ツールを用いた実装作業およびデバッグ、サウンドツールやシステムの概要構築など、音作りを担当します。様々な音の制作技術を一通り学ぶ事ができ、オーディオ技術全般を幅広く用いるため技術・演出的なイノベーションを行うことが可能です。

音楽への興味関心に加え、音響・収録機材や信号処理の基礎知識、効果音作成においてはシンセサイザーの取扱いが必要となり、音声（ボイス）収録・編集の業務では収録技術やプラグインの知識があるとより業務スタートが円滑となります。将来的には幅広い業務を行なえるジェネラリストを目指す事が可能です。

## IT 分野

### IT エンジニア（インフラエンジニア）

リアルタイム性を要する MMORPG、ソーシャルゲームを動作させるインフラ基盤を IT テクノロジーをもって構築・運営します。また HD ゲーム開発に要求される高性能ビルドやレンダリングを実現するサーバー・ネットワークなどの構築・運用、ゲームユーザアクセスの処理を可能とするストレージ・データベースなどのインフラ構築・運用を始め、海外展開しているデータセンターにおけるオンプレミス環境から、AWS ／ GCP といった先進のクラウド技術

を融合したシステムなどハイブリッドに構築します。

ゲーム開発拠点からお客様へサービス提供を行うデータセンターは世界中に存在し、グローバルに多数のエンドユーザーを抱えるサービスに携わることができ、大容量データ／大規模トランザクションなど普段は触れることのできない性能を要求され、解決に向けて新技術の検討や導入経験を積むことができます。

## IT エンジニア（アプリケーションエンジニア）

スマートフォンや PC などオンラインに展開しているゲームの共通基盤システムの開発・運用を行う職種です。共通基盤システムとはユーザー情報や課金管理、経理システムからユーザーサポートまでを担うシステムであり、複数のオンラインゲームを商用化するために必要な共通する機能群となります。またビッグデータの解析も業務に含みます。数億ユーザー・年間数百億の決済やゲーム内通貨を管理する非常に影響力の大きいプラットフォームであるため、業界トップクラスのトラフィックがあり、高負荷対策や膨大なデータを処理する仕組みづくりに取り組むことで高度な技術力を磨くことが可能です。

エンジニアリングへの関心と論理的思考力を持ち、お客様に楽しんでいただきたいという思いが必要となります。

## IT エンジニア（PC/ エンドポイント・エンジニア）

「PC ／エンドポイント・エンジニア」は当社 ( 国内グループ会社を含む ) 開発環境を管理・運用するポジションです。

具体的には、社員が利用している PC などエンドポイント端末の運用・管理やゲーム開発専用機器のサポート、また IT 資産管理やセキュリティ対策を行うためのエンドポイント関連ソリューションの検討・導入・運用を行います。

「PC/ エンドポイント・エンジニア」は PC のハードウェアの基本的な知識がある、もしくは興味があり、技術習得に前向きなことが必須要件となります。また社内開発者等のユーザと接する機会が多い職種のためコミュニケーションスキルも重要です。

将来的には、ゲーム開発用 PC に適用する新技術の検証・評価や標準機の選定、またエンドポイントに関わるソリューションの検討・導入・運用などを行って頂きたいと考えています。

## IT エンジニア（クライアント・インフラエンジニア）

「クライアント・インフラエンジニア」は、社内向けに提供している VDI（仮

想デスクトップ）による仮想デスクトップ環境の提供、サーバの設計・構築・運用保守を行うポジションです。

直近は、在宅でゲーム開発を行うために先端の仮想化技術検証に取り組むなど、開発環境をより良くするためのソリューションの検討・導入・運用も行っています。

「クライアント・インフラエンジニア」は、仮想化技術をはじめとした最先端の技術への興味が必要となります。VDIシステムは、サーバ（物理・仮想）、ストレージ、ネットワーク、クライアントOSと複数要素で成り立っているため、技術習得に前向きであればあるほど、幅広い分野の知識を習得することが可能です。

まずは既存のVDIシステムやその他ソリューションの運用を行う中で知識や技術を習得していただき、将来的には開発環境をより良くするための新ソリューションの設計・構築などを行って頂きたいと考えています。

## 出版

### 出版営業

出版営業は、当社の出版コンテンツに関して書店様への訪問営業や法人取引先様への営業、市場調査といった業務から、新刊・重版の部数決定、商品の在庫管理、出版コンテンツを利用したフェアやイベントの企画実行、CMやポスターなどの販促物の制作など幅広い業務があります。当社ではペーパーメディアのみならず、漫画コンテンツのデジタル化も展開しており、媒体の垣根を超え密に連携をしています。また編集部とも距離が近いことが当社の特徴です。社内で連携しながら作家さんや社外企業など多くの方と関わり、ユーザーの手元に商品を届けるまでの第一線を担うため、相手のことを考えて行動できる誠実さと向上心が必要となります。

### コミック編集

当社が刊行するコミック雑誌、Web雑誌、マンガアプリに掲載する漫画の編集職です。作家さんを発掘し、作家さんと打ち合わせやプロット・ネームの修正を重ねながらひとつの作品を作り上げていくこと、そして、連載や単行本化への準備が基本的な業務となります。また、市場環境は変化をしており、新たなビジネスモデルを模索する事も必要となります。

入社後は、まず先輩編集者につきながら作家さんとのやりとりの仕方、入稿ま

での流れなど、基本的な業務を学びます。業務の習得状況にもよりますが、入社2年目からは作家さんと漫画を立ち上げられる可能性があります。

エンタテイメントへの興味と、作家さんと円滑なコミュニケーションを取ることが必須であり、作家さんへアドバイスができるようになるまでは時間がかかるため、粘り強く努力を続けられる姿勢も大切にしています。

### 書籍編集

書籍編集者は、ゲーム攻略本やアートブックなどのゲーム関連書籍、カレンダーなどの関連グッズ、年少児向けドリルや絵本、ゲームと関連したコンサートや舞台のパンフレットなど、さまざまな出版物の企画制作を行う職種です。

企画・制作の工程は、ゲーム開発部門、プロモーション部門、その他関連商品部門と連携を取りながら進めるので、自社でしかできない特別な商品を作ることができます。また、北米でも出版事業を始めており、日本国外を見据えた商品も考えてゆきます。

まずは先輩社員のアシスタントとして業務を学び、企画立案の経験を経て、キャリアを積んでいきます。

ゲームに限らず幅広いエンターテイメントに興味を持ち、ユーザーとして高い感度を持ってコンテンツに触れてきた経験が仕事に活きる職種です。

## ビジネス推進

### 営業（HDゲーム事業）

国内・海外に向け、コンシューマーゲームの販売・管理を行う職種です。

当社の開発チームが作ったゲームを、各取引先様において実店舗やデジタル上で展開する事は勿論、MDグッズや他商材とも垣根を越えて連携するIPコラボの実施など、商材の取扱い交渉に留まらず、担当する各取引先様において販売最大化を目指す、幅広い対応を行っていく業務があります。

新卒入社の場合、基本的には国内向けの営業にてまずは経験を積みますが、将来的には大手の法人取引先様の担当や、法人の販売網を用いた拡販戦略を設計する販売企画、語学スキルを活かした海外向けの営業などを経験することが可能です。

当社の営業は、エンタテインメントへの強い関心を持ち、社内外問わず積極的にコミュニケーションを取りながら周囲を巻き込み「仲間づくり」ができる方を求めています。

**EC 事業**

オフィシャルグッズの制作・販売、自社コマースサイトの運営、ゲームのダウンロード版の販売促進、公式サイトやオンラインゲームの Web サイトの運営など、幅広い業務があります。グッズ制作では当社の魅力あるコンテンツに携わりながらゲームに対する愛情を活かし、ダウンロード版の拡販では成長性の高いマーケットの中でプロジェクトや宣伝担当者などと連携しながら、自身の業務におけるゴールを目指し推進していきます。

変化が多く、新しいことが起こり続ける業界のため、今までの考え方に凝り固まらず、常に新しい視点で物事を見ることや、その後の新しい可能性を考えていくことが必要となります。

**プロモーション**

ゲーム開発プロジェクトメンバーと共に、ゲームの方向性などを踏まえ、プロモーション施策の企画・立案・実行を行います。ゲームの企画・開発段階からマーケティングやプロモーションの観点でアイデアを出し合う事もあります。リリースに向け、ユーザー様へお伝えしたいゲームの情報を整理し、どのような情報を、どのような順番やタイミングで公開していくかなどのプロモーションストーリーを作ることも重要です。

また、社内の関係部署や社外の協力会社様とも連携し、マーケティング、PR、デジタル広告、イベント、SNS 活用などの多岐にわたる業務を行っていく上でコミュニケーション力や自分自身の考えを説明する力、幅広い知見を身につけることも必要になります。

ユーザー様へ当社のゲームを届けることができた時に、その達成感をリアルに感じる事ができる、やりがいのある仕事です。

※一例として第四開発事業本部におけるプロモーション業務の内容となります。

## プロジェクトサポート

### 品質管理

コンシューマーゲーム、モバイルゲーム、PC ゲーム、アーケードゲームなどに対する品質保証を行います。QA(Quality Assurance)とも呼ばれ、開発チームと連携しながらテストの設計や立案、実行を担います。また、ゲームの表現面において倫理的な問題がないかどうかをチェックする倫理チーム、モニター

テストなどを通じてゲームの面白さやわかりやすさなどの内容評価を行うゲームユーザーリサーチチームも品質管理部門に含まれます。

QAチームやゲームユーザーリサーチチームに関しては、一定の経験を積んだ後、開発側に異動するケースが見られます。

いずれのチームにおいても社内外の関係者と関わる機会が多く、コミュニケーション力やチームを牽引するリーダーシップが重要になります。また、テスト設計においては抜け漏れのないテストケースを設計することが必要であり、細かく物事を見られる方が適しています。

## コーポレート支援

### 法務

著作物を扱う当社では契約量が非常に多いのが特徴で、法務にて契約書や利用規約の作成・確認、社内部門からの法律に関する相談対応や社内向け勉強会の開催などを行い、法律の観点からゲームや出版ビジネスを支援します。契約書類の作成や相談対応においては、各部とのコミュニケーションからやりたいことを理解し、どんな事がリスクになるかを想像する事が必要です。また、法律の知識のみならずエンタテインメントへの興味関心があると、より円滑に業務を遂行する事ができます。新卒として入社後は実務を経験しながらビジネスで必要となる知識を身に着けていただき、法務のスペシャリスト・ジェネラリストを目指すことが可能です。

### 経営企画

スクウェア・エニックスの未来を見据え、企業としての目標を策定し、戦略を考え、実行していくことがミッションです。担当業務は幅広く、経営戦略の策定（現状分析、戦略検討、予算策定など）、財務戦略の検討・実行（M&Aや投資の検討、IRなど）、新規事業領域の検討等、多岐にわたります。いずれも国内外を問わず各部署・グループ会社・関連会社との連携や財務数値を用いたデータ分析が必須となるため、入社後は経営や財務などに関する専門知識の習得を行いながら当社およびゲーム関連業界における分析等を通じて、経営企画業務の基礎となるスキルから身につけてきます。若手のうちから企業経営の中心で知識・経験を積みながら、将来的には幅広い業務の中から特定の分野に絞って専門性を高め、プロフェッショナルを目指していただきます。

※コーポレート支援には、その他経理、総務、人事、広報などもございます

# ✔ 先輩社員の声

## 一人でも多くのお客様を笑顔にする。そのためにも、まだまだ色々なことにチャレンジしていきたい。

**【プロデューサー／ 2010 年入社】**

**私の仕事**

入社後は営業、クラウドゲーミングなどに関連する業務に従事しました。その後、アシスタントプロデューサーとしてゲーム制作へ携わるようになりました。

アシスタントプロデューサーの業務は、開発進行管理全般、予算管理、各種契約の調整、宣伝・プロモーション関連業務といった幅広いものになるため、アシスタント時に多くのタイトルに関われたことは非常に良い経験となりました。また、当時はプロデューサーを目指すにあたって与えられた仕事だけではなく、過去の業務経験を踏まえ自ら企画提案をするなどプラスαの結果を出せるように前のめりの姿勢を意識していましたね。

その後、『いただきストリート　ドラゴンクエスト＆ファイナルファンタジー　30th ANNIVERSARY』で初めてプロデューサーを任せて頂き、以降ドラゴンクエスト関連タイトルでのプロデューサー経験を経て、直近では『ドラゴンクエストＸ　目覚めし五つの種族　オフライン』のプロデューサーを担当しました。

アシスタントプロデューサー時もプロデューサーと同じ覚悟と認識をもって業務に取り組んでいましたが、やはりプロデューサーとなると最終的な判断をする立場となるため、責任範囲は大きく変わったと思います。

ゲーム開発プロジェクトの立ち上げから発売直前まで様々な問題が発生し、困難な挑戦であることもありますが、やはり「実際に手をとって頂くお客様」の姿を思えばチーム一同頑張れますし、お客様からの「楽しかった！」「面白い！」「嬉しい！」というお声を頂いた時が一番うれしいですね。

**仕事の醍醐味**

自由な社風で、立場など関係なく様々な話ができることは大きな特徴だと思います。若手からの提案も、みんな真摯に聞いてくれますね。（それが承認されるかどうかはその提案の質次第ですが…）

プロデューサーという職種としては、やはりゲーム制作の上流から下流まですべてに関わることができる点です。企画の立ち上げから、ゲーム内容についてディレクターと議論をしたり、プロモーションチームと密に連携をとりながら売上最大化に向けて試行錯誤していくことになります。各工程でのウェイトの掛け方はタイトルやプロデューサー自身の考え方によっても異なりますが、基本的にはゲーム制作のあらゆるシーンに関与する、非常にやりがいのある仕事です。

# ユーザーの期待に応え、時に想像を超えていく。
# 常に新鮮なゲーム体験を追求するクリエーターでありたい。

**【ゲームデザイナー／2010 年入社】**

**私の仕事**

ファイナルファンタジー（以下 FF）シリーズを中心に、プランナーとしてゲーム開発業務を担当しています。

入社後、『ライトニングリターンズ FF XIII』・『MOBIUS FF』と、コンシューマ・スマートフォン両タイトルを経験し、現在は『FINAL FANTASY VII』リメイクプロジェクトに携わっています。

ゲームデザイナー業務は、ゲームのコンセプトや仕様を考える企画作業、ディレクターや他セクションへのプレゼンテーション、ゲームのパラメータや配置情報等を入力するデータワーク等、多岐に渡ります。最近では、複数人のチームを統括するリーダーとして、成果物チェック・スケジュール管理といった、開発を俯瞰して見る機会も増えています。

また、開発業務以外にも、店頭イベント・公開生放送といったユーザーの方々を身近に感じられる機会もあります。FF ファンの熱量を肌で感じた時は、自分の仕事の意義を再認識できますね。

**仕事の醍醐味**

スクウェア・エニックスのゲームデザイナーは、自ら手を動かしてデータ実装まで責任を持つ場合が多く、自分のアイディアを自らの手で形にできるのが一番の醍醐味です。頭の中で想像したゲームを、様々なセクションのスタッフと協力し、時に意見を戦わせながら組み上げ、最終的に遊べる状態に磨いていく。この過程を楽しめるのは開発現場ならではです。

また、周囲には、尊敬すべき優秀なスタッフが揃っています。その中で働くプレッシャーを感じることも少なくないですが、良い環境でモノづくりに集中できることはクリエイター冥利に尽きます。

## 株式会社スクウェア・エニックス

| | |
|---|---|
| 募集職種 | 総合職／出版事業関連職／ゲームデザイナー職／ゲームエンジニア職／CG映像エンジニア職／サウンドプログラマー職／R&D（研究開発）エンジニア職／アーティスト職／テクニカルアーティスト職／サウンドデザイナー職／ITエンジニア職 |
| 応募資格 | 学校区分：専門学校・高等専門学校・短期大学・4年制大学・大学院<br>卒業時期：2022年4月から2025年3月の間に上記学校区分を卒業・修了もしくは卒業・修了見込みの方<br>※選考期間中から当社入社までの間に正社員・契約社員での就業経験のある場合は対象外です |
| 初任給 | 専門・高専・短大：27.8万円以上<br>学士：28.8万円以上　修士：29.8万円以上<br>※確定拠出年金拠出可能額を含む<br>※博士等、上記以外の学校区分は、選考を通じ個別に設定 |
| 給与改定 | 年1回（4月） |
| 賞与 | 年2回（6月、12月）　※但し初年度は年1回（12月） |
| 手当 | 通勤手当、時間外労働手当、在宅勤務準備一時金・在宅勤務手当 |
| 勤務地 | 東京、大阪<br>※当社は在宅勤務制度を導入しております<br>※勤務地は将来的に変更となる可能性があります<br>※オフィスにおける喫煙環境：屋内原則禁煙（喫煙専用室あり） |
| 勤務時間 | 所定労働時間 7.5時間<br>※始業・終業時間は、配属先により異なります |
| 休日・休暇 | 完全週休2日制（土・日）、祝日、年末年始（12/29〜1/3）、年次有給休暇、慶弔休暇等 |
| 各種保険 | 健康保険、厚生年金保険、労災保険、雇用保険 |
| 福利厚生 | 福利厚生サービス／入社時転居費用支給／退職金制度／確定拠出年金制度／従業員持株会／育児・介護支援／社員食堂／社員割引／保養施設 |

## ■スクエニ、NFTで遊ぶゲーム開発　シールは12万枚販売（2/21）

　スクウェア・エニックスがブロックチェーンを活用したサービスの開発を進めている。NFT（非代替性トークン）を使ったデジタルシールの販売枚数は2月時点で12万枚を超え、23年春には新サービスの提供を予定している。値上がり益を狙った投機マネーではなく、エンターテインメントとしての新しい価値形成に向け積極的に展開している。

　「販売枚数の規模は国内最大級だ」とスクウェア・エニックスのブロックチェーン・エンタテインメント事業部の畑圭輔事業部長は手応えを語る。21年10月からNFTデジタルシール「資産性ミリオンアーサー」を販売し、シリーズ累計販売枚数は12万枚を超えた。12年に提供開始したスマートフォンゲーム「ミリオンアーサー」シリーズの世界観を活用し、NFTのシールを使ったサービスを提供している。

　1枚800円程度でシールを購入し、シールホルダーに貼って楽しんだり、ポイントをためたりして遊べる。ユーザーが選んだ背景画像やフレームをシールに焼き込み、オリジナル性を高めることできる。シールはLINEの運営するサービスを使って売買できる。23年春にシールを使ったゲームコンテンツを追加する予定だ。

　ブロックチェーンゲームは遊びながら稼ぐ「Play to Earn（プレイトゥアーン）」の側面に注目が集まり投機マネーによって膨らんできた。一方で、稼ぐ目的が先行すると、暗号資産市場の動向に合わせて利用者数が激減することもある。継続的に遊んでいるうちに、少しずつポイントがたまるような「ポイ活」に近い楽しみ方ができるサービスを目指す。

　ミリオンアーサー以外にもNFT活用の実績を積んでいる。22年7月には人気ゲームタイトル「ファイナルファンタジー」の新作フィギュアなどでデジタル正規品証明書を発行した。今春にはNFTアートを使い、謎解きなどを楽しめる「SYMBIOGENESIS（シンビオジェネシス）」を提供する予定だ。事業での提携を視野に、メタバース「ザ・サンドボックス」の運営会社へも出資している。

　「持続的にサービスを運営していくことが企業ブランドの構築につながる」と畑氏は話す。消費を促すだけでなく、継続性を重視する。他社に先駆けてサービスを提供することで、ブロックチェーン領域での信頼感を得る狙いもある。

　インドの調査会社マーケッツアンドマーケッツ社によれば、世界のNFT市場

規模は 27 年までに 22 年比 4 倍強の 136 億ドル規模になる見通しだ。

　「狂乱から混乱を経て、新しい成長のステージへと移行してゆく年となることを期待します」。スクウェア・エニックス・ホールディングスの松田洋祐社長は 1 月に発表した年頭所感でブロックチェーンゲームについて期待感をつづった。

　現時点では NFT を保有するための手続きは複雑で、大半のゲームユーザーやエンタメの消費者には届いていない。技術の可能性を引き出し、価値のあるサービスにしていけるか。世界中から愛されるゲームを生み出してきたスクエニの挑戦に期待がかかる。

## ■スクエニ、4 月から基本給 10% 引き上げ　初任給は 27% 増（3/16）

　ゲーム大手のスクウェア・エニックスは 16 日、正社員を対象に 4 月から基本給を平均で 10% 引き上げると発表した。大卒の初任給は平均 27% 増の 28 万8000 円となる。物価高が続く中、従業員がコンテンツづくりに専念できる環境を整えるとともに優秀な人材の獲得を強化する狙いもある。

　賃上げの対象は同社と親会社のスクウェア・エニックス・ホールディングスになる。基本給を底上げするベースアップ（ベア）と定期昇給を合わせて平均10% の引き上げになる。

　ゲーム業界では人材の獲得競争が激しくなっており、大手から中堅企業まで給与の引き上げが相次いでいる。任天堂は 4 月から全社員の基本給を 10% 引き上げ、初任給は 1 割増の 25 万 6000 円にする。セガは 7 月から正社員の年収を平均で 15% 程度引き上げる方針を決めた。マーベラスも定期昇給を含めて給与水準を平均 5% 程度引き上げる。

# ✔ 受験者情報

インターンに参加したことで直接有利にはならないが，インターンで得たことは大いに志望動機や入社してやりたいことを具体的に考えるうえで役に立つ。

**総合職** 2019卒

## エントリーシート
・形式：採用ホームページから記入
・内容：学生時代に力を入れたことや興味のある職種などの一般的な内容と，エンタメ業界以外でやってみたい仕事，ビジネスの観点から優れていると思うエンタメコンテンツといったユニークなものがあった。

## セミナー
・インターン参加者向けの早期選考だったのでセミナーはなかった。
・服装：リクルートスーツ
・内容：社員との座談会や逆質問，事業説明

## 筆記試験
・形式：Webテスト
・科目：SPI（数学，算数／国語，漢字／性格テスト）

## 面接（個人・集団）
・雰囲気：和やか
・回数：3回
・質問内容：ESの深掘りや関連する質問の他に，ESに書いたもの以外で優れていると思うエンタメコンテンツについて，なぜ今の研究会で勉強しようと思ったのかなどについて聞かれた。逆質問が非常に重要だと感じた。

## 内定
・通知方法：メール

### ▶ その他受験者からのアドバイス
・面接は現場の社員の方が担当してくださり，人事の方から質問されることはほとんどなかった。
・面接は終始和やかで，学生の話をしっかりと聞いてくれた。

企業研究では，ゲームに関連する技術をリサーチしていました.

**ITエンジニア職** 2018卒

## エントリーシート

・形式：採用ホームページから記入
・内容：技術的に印象的だったデジタルコンテンツとその理由。志望理由などのオーソドックスのもの。

## セミナー

・筆記や面接などが同時に実施される，選考と関係のあるものだった
・服装：リクルートスーツ

## 筆記試験

・形式：Webテスト
・科目：SPI

## 面接（個人・集団）

・雰囲気：和やか
・回数：2回

## 内定

・拘束や指示：特になし
・通知方法：電話
・タイミング：予定より早い

## ▶ その他受験者からのアドバイス

・会社が求めている人材と自分の経験を結びつけて面接で語れるといいと思います。

# ✔ 有価証券報告書の読み方

## 01 部分的に読み解くことからスタートしよう

「有価証券報告書（以下，有報）」という名前を聞いたことがある人も少なくはないだろう。しかし，実際に中身を見たことがある人は決して多くはないのではないだろうか。有報とは上場企業が年に1度作成する，企業内容に関する開示資料のことをいう。開示項目には決算情報や事業内容について，従業員の状況等について記載されており，誰でも自由に見ることができる。

一般的に有報は，証券会社や銀行の職員，または投資家などがこれを読み込み，その後の戦略を立てるのに活用しているイメージだろう。その認識は間違いではないが，だからといって就活に役に立たないというわけではない。就活を有利に進める上で，お得な情報がふんだんに含まれているのだ。ではどの部分が役に立つのか，実際に解説していく。

### ■有価証券報告書の開示内容

では実際に，有報の開示内容を見てみよう。

| 有価証券報告書の開示内容 |
| --- |
| 第一部【企業情報】 |
| 　第1 【企業の概況】 |
| 　第2 【事業の状況】 |
| 　第3 【設備の状況】 |
| 　第4 【提出会社の状況】 |
| 　第5 【経理の状況】 |
| 　第6 【提出会社の株式事務の概要】 |
| 　第7 【提出会社の状参考情報】 |
| 第二部【提出会社の保証会社等の情報】 |
| 　第1 【保証会社情報】 |
| 　第2 【保証会社以外の会社の情報】 |
| 　第3 【指数等の情報】 |

有報は記載項目が統一されているため，どの会社に関しても同じ内容で書かれている。このうち就活において必要な情報が記載されているのは，第一部の第1【企業の概況】〜第5【経理の状況】まで，それ以降は無視してしまってかまわない。

## 02 企業の概況の注目ポイント

　第1【企業の概況】には役立つ情報が満載。そんな中，最初に注目したいのは，冒頭に記載されている【主要な経営指標等の推移】の表だ。

| 回次 | | 第25期 | 第26期 | 第27期 | 第28期 | 第29期 |
|---|---|---|---|---|---|---|
| 決算年月 | | 平成24年3月 | 平成25年3月 | 平成26年3月 | 平成27年3月 | 平成28年3月 |
| 営業収益 | （百万円） | 2,532,173 | 2,671,822 | 2,702,916 | 2,756,165 | 2,867,199 |
| 経常利益 | （百万円） | 272,182 | 317,487 | 332,518 | 361,977 | 428,902 |
| 親会社株主に帰属する当期純利益 | （百万円） | 108,737 | 175,384 | 199,939 | 180,397 | 245,309 |
| 包括利益 | （百万円） | 109,304 | 197,739 | 214,632 | 229,292 | 217,419 |
| 純資産額 | （百万円） | 1,890,633 | 2,048,192 | 2,199,357 | 2,304,976 | 2,462,537 |
| 総資産額 | （百万円） | 7,060,409 | 7,223,204 | 7,428,303 | 7,605,690 | 7,789,762 |
| 1株当たり純資産額 | （円） | 4,738.51 | 5,135.76 | 5,529.40 | 5,818.19 | 6,232.40 |
| 1株当たり当期純利益 | （円） | 274.89 | 443.70 | 506.77 | 458.95 | 625.82 |
| 潜在株式調整後1株当たり当期純利益 | （円） | — | — | — | — | — |
| 自己資本比率 | （％） | 26.5 | 28.1 | 29.4 | 30.1 | 31.4 |
| 自己資本利益率 | （％） | 5.9 | 9.0 | 9.5 | 8.1 | 10.4 |
| 株価収益率 | （倍） | 19.0 | 17.4 | 15.0 | 21.0 | 15.5 |
| 営業活動によるキャッシュ・フロー | （百万円） | 558,650 | 588,529 | 562,763 | 622,762 | 673,109 |
| 投資活動によるキャッシュ・フロー | （百万円） | △370,684 | △465,951 | △474,697 | △476,844 | △499,575 |
| 財務活動によるキャッシュ・フロー | （百万円） | △152,428 | △101,151 | △91,367 | △86,636 | △110,265 |
| 現金及び現金同等物の期末残高 | （百万円） | 167,525 | 189,262 | 186,057 | 245,170 | 307,809 |
| 従業員数〔ほか，臨時従業員数〕 | （人） | 71,729〔27,746〕 | 73,017〔27,312〕 | 73,551〔27,736〕 | 73,329〔27,313〕 | 73,053〔26,147〕 |

　見慣れない単語が続くが，そう難しく考える必要はない。特に注意してほしいのが，**営業収益**，**経常利益**の二つ。営業収益とはいわゆる**総売上額**のことであり，これが企業の本業を指す。その営業収益から営業費用（営業費（販売費＋一般管理費）＋売上原価）を差し引いたものが**営業利益**となる。会社の業種はなんであれ，モノを顧客に販売した合計値が営業収益であり，その営業収益から人件費や家賃，広告宣伝費などを差し引いたものが営業利益と覚えておこう。対して経常利益は営業利益から本業以外の損益を差し引いたもの。いわゆる金利による収益や不動産収入などがこれにあたり，本業以外でその会社がどの程度の力をもっているかをはかる絶好の指標となる。

**■会社のアウトラインを知れる情報が続く。**

　この主要な経営指標の推移の表につづいて，「会社の沿革」，「事業の内容」，「関係会社の状況」「従業員の状況」などが記載されている。自分が試験を受ける企業のことを，より深く知っておくにこしたことはない。会社がどのように発展してきたのか，主としている事業はどのようなものがあるのか，従業員数や平均年齢はどれくらいなのか，志望動機などを作成する際に役立ててほしい。

## 03 事業の状況の注目ポイント

　第2となる【事業の状況】において，最重要となるのは**業績等の概要**といえる。ここでは1年間における収益の増減の理由が文章で記載されている。「○○という商品が好調に推移したため，売上高は△△になりました」といった情報が，比較的易しい文章で書かれている。もちろん，損失が出た場合に関しても包み隠さず記載してあるので，その会社の1年間の動向を知るための格好の資料となる。

　また，業績については各事業ごとに細かく別れて記載してある。例えば鉄道会社ならば，①運輸業，②駅スペース活用事業，③ショッピング・オフィス事業，④その他といった具合だ。**どのサービス・商品がどの程度の売上を出したのか**，会社の持つ展望として，今後**どの事業をより活性化**していくつもりなのか，などを意識しながら読み進めるとよいだろう。

### ■「対処すべき課題」と「事業等のリスク」

　業績等の概要と同様に重要となるのが，「**対処すべき課題**」と「**事業等のリスク**」の2項目といえる。ここで読み解きたいのは，その会社の**今後の伸びしろ**について。いま，会社はどのような状況にあって，どのような課題を抱えているのか。また，その課題に対して取られている対策の具体的な内容などから経営方針などを読み解くことができる。リスクに関しては法改正や安全面，他の企業の参入状況など，会社にとって決してプラスとは言えない情報もつつみ隠さず記載してある。客観的にその会社を再評価する意味でも，ぜひ目を通していただきたい。

　次代を担う就活生にとって，ここの情報はアピールポイントとして組み立てやすい。「新事業の○○の発展に際して……」，「御社が抱える●●というリスクに対して……」などという発言を面接時にできれば，面接官の心証も変わってくるはずだ。

最後に注目したいのが，第5【経理の状況】だ。ここでは，簡単にいえば【主要な経営指標等の推移】の表をより細分化した表が多く記載されている。ここの情報をすべて理解するのは，簿記の知識がないと難しい。しかし，そういった知識があまりなくても，読み解ける情報は数多くある。例えば**損益計算書**などがそれに当たる。

### 連結損益計算書

(単位：百万円)

| | 前連結会計年度<br>（自 平成26年4月1日<br>至 平成27年3月31日） | 当連結会計年度<br>（自 平成27年4月1日<br>至 平成28年3月31日） |
|---|---|---|
| 営業収益 | 2,756,165 | 2,867,199 |
| 営業費 | | |
| 　運輸業等営業費及び売上原価 | 1,806,181 | 1,841,025 |
| 　販売費及び一般管理費 | ※1 522,462 | ※1 538,352 |
| 　営業費合計 | 2,328,643 | 2,379,378 |
| 営業利益 | 427,521 | 487,821 |
| 営業外収益 | | |
| 　受取利息 | 152 | 214 |
| 　受取配当金 | 3,602 | 3,703 |
| 　物品売却益 | 1,438 | 998 |
| 　受取保険金及び配当金 | 8,203 | 10,067 |
| 　持分法による投資利益 | 3,134 | 2,565 |
| 　雑収入 | 4,326 | 4,067 |
| 　営業外収益合計 | 20,858 | 21,616 |
| 営業外費用 | | |
| 　支払利息 | 81,961 | 76,332 |
| 　物品売却損 | 350 | 294 |
| 　雑支出 | 4,090 | 3,908 |
| 　営業外費用合計 | 86,403 | 80,535 |
| 経常利益 | 361,977 | 428,902 |
| 特別利益 | | |
| 　固定資産売却益 | ※4 1,211 | ※4 838 |
| 　工事負担金等受入額 | ※5 59,205 | ※5 24,487 |
| 　投資有価証券売却益 | 1,269 | 4,473 |
| 　その他 | 5,016 | 6,921 |
| 　特別利益合計 | 66,703 | 36,721 |
| 特別損失 | | |
| 　固定資産売却損 | ※6 2,088 | ※6 1,102 |
| 　固定資産除却損 | ※7 3,957 | ※7 5,105 |
| 　工事負担金等圧縮額 | ※8 54,253 | ※8 18,346 |
| 　減損損失 | ※9 12,738 | ※9 12,297 |
| 　耐震補強重点対策関連費用 | 8,906 | 10,288 |
| 　災害損失引当金繰入額 | 1,306 | 25,085 |
| 　その他 | 30,128 | 8,537 |
| 　特別損失合計 | 113,379 | 80,763 |
| 税金等調整前当期純利益 | 315,300 | 384,860 |
| 法人税、住民税及び事業税 | 107,540 | 128,972 |
| 法人税等調整額 | 26,202 | 9,326 |
| 法人税等合計 | 133,742 | 138,298 |
| 当期純利益 | 181,558 | 246,561 |
| 非支配株主に帰属する当期純利益 | 1,160 | 1,251 |
| 親会社株主に帰属する当期純利益 | 180,397 | 245,309 |

　主要な経営指標等の推移で記載されていた**経常利益**の算出する上で必要な営業外収益などについて，詳細に記載されているので，一度目を通しておこう。

　いよいよ次ページからは実際の有報が記載されている。ここで得た情報をもとに有報を確実に読み解き，就職活動を有利に進めよう。

# ✔ 有価証券報告書

## 企業の概況

### 1 主要な経営指標等の推移

### （1） 連結経営指標等 ·······················································

| 回次 | | 第39期 | 第40期 | 第41期 | 第42期 | 第43期 |
|---|---|---|---|---|---|---|
| 決算年月 | | 2019年3月 | 2020年3月 | 2021年3月 | 2022年3月 | 2023年3月 |
| 売上高 | （百万円） | 271,276 | 260,527 | 332,532 | 365,275 | 343,267 |
| 経常利益 | （百万円） | 28,415 | 32,095 | 49,983 | 70,704 | 54,709 |
| 親会社株主に帰属する当期純利益 | （百万円） | 19,373 | 21,346 | 26,942 | 51,013 | 49,264 |
| 包括利益 | （百万円） | 18,266 | 20,598 | 27,088 | 49,735 | 47,594 |
| 純資産 | （百万円） | 206,445 | 221,928 | 243,278 | 284,429 | 317,266 |
| 総資産 | （百万円） | 282,614 | 302,634 | 336,144 | 380,902 | 399,634 |
| 1株当たり純資産額 | （円） | 1,726.32 | 1,854.10 | 2,029.69 | 2,370.48 | 2,641.74 |
| 1株当たり当期純利益 | （円） | 162.57 | 179.02 | 225.75 | 426.82 | 411.62 |
| 潜在株式調整後1株当たり当期純利益 | （円） | 162.30 | 178.73 | 225.18 | 425.95 | 410.93 |
| 自己資本比率 | （%） | 72.8 | 73.1 | 72.1 | 74.4 | 79.1 |
| 自己資本利益率 | （%） | 9.7 | 10.0 | 11.6 | 19.4 | 16.4 |
| 株価収益率 | （倍） | 23.9 | 27.0 | 27.2 | 12.7 | 15.5 |
| 営業活動によるキャッシュ・フロー | （百万円） | 12,135 | 18,005 | 35,000 | 27,570 | 12,226 |
| 投資活動によるキャッシュ・フロー | （百万円） | △12,875 | △10,039 | △6,651 | △8,124 | 27,602 |
| 財務活動によるキャッシュ・フロー | （百万円） | △7,656 | △14,048 | △6,647 | △9,343 | △15,523 |
| 現金及び現金同等物の期末残高 | （百万円） | 127,181 | 121,311 | 144,061 | 160,622 | 190,903 |
| 従業員数〔外，平均臨時雇用者数〕 | （人） | 4,601 (1,609) | 5,077 (1,669) | 5,550 (1,402) | 5,637 (1,559) | 4,712 (1,658) |

（注） 1.「収益認識に関する会計基準」（企業会計基準第29号2020年3月31日）等を第42期の期首から適用しており，第42期に係る各数値については，当該会計基準等を適用した後の数値となっております。
2. 第40期よりデジタル・コンテンツの販売に係る会計方針の変更を行っており，第39期については当該会計方針の変更を反映した遡及修正後の数値を記載しております。

---

（point）**主要な経営指標等の推移**

数年分の経営指標の推移がコンパクトにまとめられている。見るべき箇所は連結の売上，利益，株主資本比率の3つ。売上と利益は順調に右肩上がりに伸びているか，逆に利益で赤字が続いていたりしないかをチェックする。株主資本比率が高いとリーマンショックなど景気が悪化したときなどでも経営が傾かないという安心感がある。

## (2) 提出会社の経営指標等

| 回次 | | 第39期 | 第40期 | 第41期 | 第42期 | 第43期 |
|---|---|---|---|---|---|---|
| 決算年月 | | 2019年3月 | 2020年3月 | 2021年3月 | 2022年3月 | 2023年3月 |
| 営業収益 | (百万円) | 12,946 | 9,801 | 20,066 | 29,556 | 21,534 |
| 経常利益 | (百万円) | 11,630 | 7,445 | 18,200 | 28,091 | 18,610 |
| 当期純利益 | (百万円) | 10,070 | 6,323 | 16,314 | 18,533 | 16,548 |
| 資本金 | (百万円) | 24,039 | 24,039 | 24,039 | 24,039 | 24,039 |
| 発行済株式総数 | (千株) | 122,531 | 122,531 | 122,531 | 122,531 | 122,531 |
| 純資産 | (百万円) | 111,642 | 112,753 | 123,339 | 133,376 | 135,220 |
| 総資産 | (百万円) | 115,496 | 122,666 | 139,333 | 142,885 | 145,653 |
| 1株当たり純資産額 | (円) | 932.20 | 940.08 | 1,026.53 | 1,109.14 | 1,123.11 |
| 1株当たり配当額<br>(内1株当たり<br>中間配当額) | (円)<br><br>(円) | 47.00<br>(10.00) | 54.00<br>(10.00) | 78.00<br>(10.00) | 129.00<br>(10.00) | 124.00<br>(10.00) |
| 1株当たり当期純利益 | (円) | 84.51 | 53.03 | 136.70 | 155.06 | 138.27 |
| 潜在株式調整後1株当たり<br>当期純利益 | (円) | 84.37 | 52.94 | 136.36 | 154.75 | 138.03 |
| 自己資本比率 | (%) | 96.2 | 91.4 | 88.0 | 92.8 | 92.3 |
| 自己資本利益率 | (%) | 9.2 | 5.7 | 13.9 | 14.5 | 12.4 |
| 株価収益率 | (倍) | 45.9 | 91.0 | 45.0 | 35.0 | 46.0 |
| 配当性向 | (%) | 55.6 | 101.8 | 57.1 | 83.2 | 89.7 |
| 従業員数<br>[外、平均臨時雇用者数] | (人) | 20<br>(－) | 20<br>(－) | 24<br>(－) | 27<br>(－) | 22<br>(－) |
| 株主総利回り<br>(比較指標：TOPIX(東証<br>株価指数)) | (%)<br><br>(%) | 80.6<br>(95.0) | 101.1<br>(85.9) | 130.0<br>(122.1) | 117.8<br>(124.6) | 139.5<br>(131.8) |
| 最高株価 | (円) | 5,890 | 5,760 | 7,460 | 7,100 | 7,150 |
| 最低株価 | (円) | 2,766 | 3,305 | 4,365 | 5,100 | 4,965 |

(注) 1. 最高株価及び最低株価は，2022年4月4日より東京証券取引所プライム市場におけるものであり，
それ以前については東京証券取引所第一部におけるものであります。

2. 「収益認識に関する会計基準」(企業会計基準第29号2020年3月31日)等を第42期の期首から適用
しており，第42期に係る各数値については，当該会計基準等を適用した後の数値となっております。

3. 第41期の1株当たり配当額には，特別配当10円を含んでおります。

## 2 沿革

当社（形式上の存続会社である株式会社営団社募集サービスセンター，1975年9月設立，資本金100万円）は，1989年4月1日を合併期日として，旧・株式会社エニックス，コニカエニックス株式会社及びエニックスプロダクツ株式会社を，経営の合理化を目的として吸収合併しました。

合併前の当社は休業状態であり，法律上消滅した旧・株式会社エニックスが実質上の存続会社であるため，以下は，実質上の存続会社および合併後の株式会社エニックスに関する記載をしております。

| 年月 | 沿革 |
|---|---|
| 1980年2月 | ・株式会社営団社募集サービスセンターの100％出資により，不動産売買及び仲介を目的として株式会社営団社不動産を設立（資本金500万円） |
| 1981年8月 | ・商号を株式会社営団社システムに変更 |
| 1982年8月 | ・商号を株式会社エニックスに変更 |
| 1983年10月 | ・株式会社小西六エニックスを小西六写真工業株式会社他との共同出資により設立（資本金6,000万円，設立時の当社の出資比率は50.6％，1984年6月より49％，1987年10月商号をコニカエニックス株式会社に変更） |
| 1988年3月 | ・出版物およびキャラクター商品の開発・販売を目的としてエニックスプロダクツ株式会社を設立（資本金3,000万円，100％出資） |
| 1989年4月 | ・経営の合理化を目的として，株式会社営団社募集サービスセンター，コニカエニックス株式会社及びエニックスプロダクツ株式会社と合併し商号を株式会社エニックスとする |
| 1991年2月 | ・当社株式が，社団法人日本証券業協会に店頭登録銘柄として登録となる |
| 1999年8月 | ・当社株式が東京証券取引所市場第一部に上場 |
| 2003年4月 | ・株式会社エニックスと株式会社スクウェアが合併し商号を株式会社スクウェア・エニックスとする |
| 2004年7月 | ・北米及び欧州子会社に新経営体制を導入。併せて，商号を各々SQUARE ENIX, INC., SQUARE ENIX LTD.へ変更し，グローバル市場におけるコーポレートブランドを統一 |
| 2005年1月 | ・当社100％出資により，SQUARE ENIX (China) CO., LTD.（中国・北京市）を設立 |
| 2005年9月 | ・株式会社タイトーを連結子会社化（2006年3月完全子会社となる。） |
| 2006年11月 | ・北米における当社グループ会社を統括する持株会社として，SQUARE ENIX OF AMERICA HOLDINGS, INC.（米・カリフォルニア州ロスアンゼルス）を設立 |

| 2008年10月 | ・持株会社体制へ移行し，商号を株式会社スクウェア・エニックス・ホールディングスとする |
|---|---|
| 2009年4月 | ・Eidos plc を完全子会社化 |
| 2018年6月 | ・監査等委員会設置会社に移行 |
| 2022年4月 | ・東京証券取引所の市場区分の見直しにより，東京証券取引所の市場第一部からプライム市場に移行 |
| 2022年8月 | ・CRYSTAL DYNAMICS, INC., EIDOS INTERACTIVE CORP.等を売却 |

### 形式上の存続会社および実質上の存続会社等の設立から合併に至る経緯

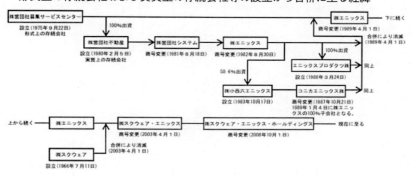

## 3 事業の内容

　当社グループの主な事業内容とグループを構成している主要各社の位置付けは以下のとおりであります。

　なお，当社は，有価証券の取引等の規制に関する内閣府令第49条第2項に規定する特定上場会社等に該当しており，これにより，インサイダー取引規制の重要事実の軽微基準については連結ベースの数値に基づいて判断することとなります。

---

(point) **沿革**

　どのように創業したかという経緯から現在までの会社の歴史を年表で知ることができる。過去に行った重要なM&Aなどがいつ行われたのか，ブランド名はいつから使われているのか，いつ頃から海外進出を始めたのか，など確認することができて便利だ。

**（連結対象会社）**

| セグメントの名称 | 主要な事業内容 | 地域 | 会社名 |
|---|---|---|---|
| デジタルエンタテインメント事業 | コンピュータゲームを中心とするデジタルエンタテインメント・コンテンツの企画、開発、販売、販売許諾、運営等 | 日本 | 株式会社スクウェア・エニックス<br>株式会社タイトー<br>株式会社Luminous Productions |
| | | 米州 | SQUARE ENIX, INC. |
| | | 欧州その他 | SQUARE ENIX LTD. |
| | | アジア | SQUARE ENIX (China) CO., LTD.<br>北京易通幻龍網絡科技有限公司 |
| アミューズメント事業 | アミューズメント施設運営、アミューズメント施設向けの業務用ゲーム機器・関連商製品の企画、開発、製造、販売、レンタル等 | 日本 | 株式会社タイトー<br><br>株式会社スクウェア・エニックス |
| 出版事業 | コミック単行本、ゲーム関連書籍及び定期刊行誌等の出版、許諾等 | 日本 | 株式会社スクウェア・エニックス |
| | | 米州 | SQUARE ENIX, INC. |
| | | 欧州その他 | SQUARE ENIX LTD. |
| ライツ・プロパティ等事業 | 二次的著作物の企画、制作、販売、ライセンス許諾等 | 日本 | 株式会社スクウェア・エニックス<br>株式会社タイトー |
| | | 米州 | SQUARE ENIX, INC. |
| | | 欧州その他 | SQUARE ENIX LTD. |

（注）1. 上記連結対象会社は，主要な連結対象会社について記載しております。
　　　2. 2023年5月1日付で株式会社スクウェア・エニックスを吸収合併存続会社，株式会社Luminous Productionsを吸収合併消滅会社とする吸収合併を行っております。

当社グループの事業系統図は以下のとおりであります。

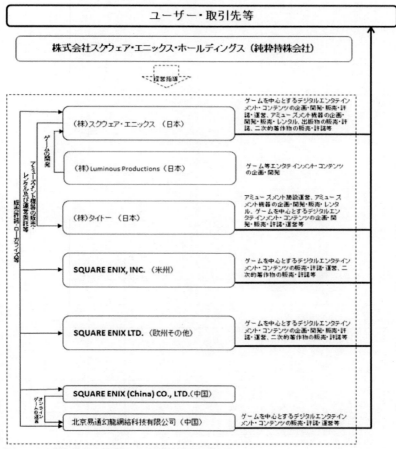

(注) 1. 上記事業系統図は，主要な連結対象会社について記載しております。

2. 2023年5月1日付で株式会社スクウェア・エニックスを吸収合併存続会社，株式会社Luminous Productionsを吸収合併消滅会社とする吸収合併を行っております。

---

(point) **事業の内容**

会社の事業がどのようにセグメント分けされているか，そして各セグメントではどのようなビジネスを行っているかなどの説明がある。また最後に事業の系統図が載せてあり，本社，取引先，国内外子会社の製品・サービスや部品の流れが分かる。ただセグメントが多いコングロマリットをすぐに理解するのは簡単ではない。

## （1）　連結子会社

| 名称 | 住所 | 資本金 | 主要な事業の内容 | 議決権の所有割合（％） | 関係内容 |
|---|---|---|---|---|---|
| SQUARE ENIX OF AMERICA HOLDINGS, INC. | 米国カリフォルニア州 | 1米ドル | 米州における当社グループ会社の株式・持分保有及び事業管理 | 100.0<br>(100.0) | 経営指導、役員の兼任 |
| SQUARE ENIX LTD. | 英国ロンドン市 | 145百万英ポンド | 欧州等における当社グループ会社の株式・持分保有及び事業管理、並びに欧州その他市場におけるデジタルエンタテインメント事業、出版事業及びライツ・プロパティ等事業 | 100.0 | 経営指導、資金貸付、役員の兼任 |
| 株式会社スクウェア・エニックス | 東京都新宿区 | 1,500百万円 | デジタルエンタテインメント事業、アミューズメント事業、出版事業及びライツ・プロパティ等事業 | 100.0 | 経営指導、商標使用許諾、役員の兼任 |
| 株式会社タイトー | 東京都新宿区 | 50百万円 | デジタルエンタテインメント事業、アミューズメント事業及びライツ・プロパティ等事業 | 100.0 | 経営指導、役員の兼任 |
| 株式会社Luminous Productions | 東京都新宿区 | 5百万円 | ゲームの開発 | 100.0 | 資金貸付役員の兼任 |
| SQUARE ENIX, INC. | 米国カリフォルニア州 | 10百万米ドル | 米州市場におけるデジタルエンタテインメント事業、出版事業及びライツ・プロパティ等事業 | 100.0<br>(100.0) | |
| SQUARE ENIX (China) CO.,LTD. | 中国北京市 | 12百万米ドル | 中国市場におけるデジタルエンタテインメント事業 | 100.0 | 役員の兼任 |
| その他10社 | | | | | |

（注）　1　議決権の所有割合の（　）内は，間接所有割合で内数であります。

　　　　2　株式会社スクウェア・エニックス及びSQUARE ENIXLTD.は，特定子会社に該当しております。

　　　　3　2023年5月1日付で株式会社スクウェア・エニックスを吸収合併存続会社，株式会社Luminous Productionsを吸収合併消滅会社とする吸収合併を行っております。

　　　　　　株式会社スクウェア・エニックスについては，売上高（連結会社相互間の内部売上高を除く。）の連結売上高に占める割合が10％を超えております。

　　　　　　主要な損益情報等　　（1）　売上高　　　　　242,824百万円

|  | (2) | 経常利益 | 38,943百万円 |
|---|---|---|---|
|  | (3) | 当期純利益 | 28,096百万円 |
|  | (4) | 純資産額 | 214,638百万円 |
|  | (5) | 総資産額 | 275,043百万円 |

4 株式会社タイトーについては,売上高（連結会社相互間の内部売上高を除く。）の連結売上高に占める割合が10％を超えております。

主要な損益情報等
| | (1) | 売上高 | 56,844百万円 |
|---|---|---|---|
|  | (2) | 経常利益 | 3,070百万円 |
|  | (3) | 当期純利益 | 2,698百万円 |
|  | (4) | 純資産額 | 19,502百万円 |
|  | (5) | 総資産額 | 34,667百万円 |

5 SQUARE ENIXLTD.については,売上高（連結会社相互間の内部売上高を除く。）の連結売上高に占める割合が10％を超えております。

主要な損益情報等
| | (1) | 売上高 | 34,574百万円 |
|---|---|---|---|
|  | (2) | 経常利益 | 21,549百万円 |
|  | (3) | 当期純利益 | 21,147百万円 |
|  | (4) | 純資産額 | △85,395百万円 |
|  | (5) | 総資産額 | 34,561百万円 |

6 SQUAREENIX,INC.については,売上高（連結会社相互間の内部売上高を除く。）の連結売上高に占める割合が10％を超えております。

主要な損益情報等
| | (1) | 売上高 | 39,476百万円 |
|---|---|---|---|
|  | (2) | 経常利益 | 5,201百万円 |
|  | (3) | 当期純利益 | 4,091百万円 |
|  | (4) | 純資産額 | 40,930百万円 |
|  | (5) | 総資産額 | 77,709百万円 |

## 5 従業員の状況

### （1） 連結会社の状況

2023年3月31日現在

| セグメントの名称 | 従業員数（人） | |
|---|---|---|
| デジタルエンタテインメント事業 | 3,614 | (248) |
| アミューズメント事業 | 410 | (1,379) |
| 出版事業 | 193 | (1) |
| ライツ・プロパティ等事業 | 69 | (1) |
| 報告セグメント計 | 4,286 | (1,629) |
| 全社（共通） | 426 | (29) |
| 合計 | 4,712 | (1,658) |

(point) **関係会社の状況**

主に子会社のリストであり,事業内容や親会社との関係についての説明がされている。特に製造業の場合などは子会社の数が多く,すべてを把握することは難しいが,重要な役割を担っている子会社も多くある。有報の他の項目では一度も触れられていない場合が多いので,気になる会社については個別に調べておくことが望ましい。

　　　2　全社（共通）として記載されている従業員数は，特定のセグメントに区分できない管理部門等に所属しているものであります。

　　　3　当社グループの従業員数は，前連結会計年度末に比べて925名減少し，4,712名になりました。これは，2022年8月26日付で主にデジタルエンタテインメント事業において連結子会社であったSQUARE ENIX NEWCO Ltd，CRYSTAL DYNAMICS, INC.，EIDOS INTERACTIVE CORP.及びEIDOS CREATIVE SOFTWARE (SHANGHAI) Co., Ltdの4社の全株式をEmbracer Group ABへ譲渡したことによるものであります。

## （2）　提出会社の状況

2023年3月31日現在

| 従業員数（人） | 平均年令（才） | 平均勤続年数（年） | 平均年間給与（円） |
|---|---|---|---|
| 22　（－） | 46.5 | 5.1 | 12,590,670 |

| セグメントの名称 | 従業員数（人） |
|---|---|
| デジタルエンタテインメント事業 | －　（－） |
| アミューズメント事業 | －　（－） |
| 出版事業 | －　（－） |
| ライツ・プロパティ等事業 | －　（－） |
| 報告セグメント計 | －　（－） |
| 全社（共通） | 22　（－） |
| 合計 | 22　（－） |

（注）1　従業員数は，当社から他社への出向者を除き，他社から当社への出向者を含む就業人員数であります。

　　　2　従業員数には使用人兼務役員は含まれておりません。

　　　3　従業員数は就業人員であり，臨時雇用者数は，年間の平均人員を（　）外数で記載しております。

　　　4　全社（共通）として記載されている従業員数は，特定のセグメントに区分できない管理部門等に所属しているものであります。

## （3）　労働組合の状況

　労働組合は結成されておりませんが，労使関係は良好であり，特に記載すべき事項はありません。

## 1 経営方針，経営環境及び対処すべき課題等

文中の将来に関する事項は，当該有価証券報告書提出日現在において当社グループが判断したものであります。

### (1) 経営方針

当社グループは，高度で良質なコンテンツの制作・提供を通じて幅広い方々に夢と感動をお届けすることを基本方針とし，「最高の「物語」を提供することで，世界中の人々の幸福に貢献する。」を企業理念として掲げております。また，会社を持続的に成長・発展させ，株主の皆様に報いるため，顧客ニーズと事業環境の変化に即応する柔軟性と効率性を重視した経営の推進により，利益の最大化を図るべく努めてまいります。

### (2) 経営戦略等

当社グループは，高度で良質なコンテンツの創造を通じて，収益性を維持しつつ中長期的な成長を実現していくことを目指しております。現在，ITや通信環境の発展・普及により，多機能端末とネットワークを前提とするコンテンツ／サービスに対する顧客ニーズが高まるとともに，コンテンツの提供形態やビジネスモデルが多様化するなど，デジタルエンタテインメントの産業構造が大きく変化しています。また，事業展開地域も，日本，欧米，東アジア等の既存主要市場に加え，中南米，中近東，南アジアなどに拡大しております。当社グループは，これらの変化に適時・柔軟に即応し，新しい時代のデジタルエンタテインメントを切り拓いてまいります。

### (3) 経営環境

家庭用ゲーム市場は，デジタル化をはじめとした技術の進化によって，コンテンツの提供形態がパッケージ販売から，ダウンロード販売といったデジタル化へのシフトに加え，ビジネスモデルが従来の売り切り型から，フリートゥプレイ，ゲーム内課金，サブスクリプション等に多角化しており，今後も成長が見込まれてい

ます。新作においては，一部の大型タイトルに人気が集中することにより，タイトルの成否が顕著に表れる傾向となっています。

　モバイルゲーム市場は，スマートフォンの性能向上により，ゲーム体験に対する顧客ニーズが高まり，ゲーム設計やビジネスモデルが多様化しています。また，スマホゲームのグローバル化，マルチデバイス化によって，コンテンツの大型化がみられており，市場規模は，今後も成長が見込まれています。国内においては，上位のタイトルの固定化が目立つ一方で，アジア地域の企業が国内市場における存在感を増したことによって競争がさらに激化し，新作タイトルのヒット率が低下しております。

　このように，家庭用ゲーム市場及びモバイルゲーム市場ともに競争が激化している中で，ヒット作を出し続けるためには，従前のIPを活用した事業展開に加えて，新規IP創出への挑戦及び開発リソースの確保が重要になってきています。

　アミューズメント市場は，新型コロナウイルス感染拡大の状況が落ちつき，店舗の入場客数がコロナ禍に比べて大幅に改善し，コロナ前の状況に戻ってきています。

　出版（コミック）市場は，紙媒体の売上高が減少する一方で，コミックアプリ等による電子書籍の売上高が伸長しています。スマートフォンでコミックを読むことが定着しており，今後も電子書籍市場についてはグローバルで成長が予測されています。

　ライツ・プロパティ事業を取り巻く環境としては，ユーザーの嗜好の多様化に合わせて幅広い商品・サービスが多様なチャネルで展開されています。当社は，キャラクターグッズやゲーム音楽などの二次的著作物の提供に加えて，既存IP（知的財産）をアニメーション，舞台作品，音楽出版などへ多面的重層的に展開することによって，ユーザーの多様なニーズに応えることで，継続安定収益の確保に努めてまいります。

　上記の通り，当社グループを取り巻く経営環境は，様々な分野において構造的な変化が世界的規模で進行しており，それらを適時的確に把握して迅速かつ柔軟に対応していくことが求められております。

**（4） 優先的に対処すべき事業上及び財務上の課題** ·······················

　当社グループは，持続的な収益成長を実現するため，継続収益基盤の拡大を優先的に対処すべき課題と位置付けております。デジタルエンタテインメントの産業構造が大きく変化する中，様々な顧客ニーズやコンテンツの提供形態に対応した新規コンテンツ開発・提供が求められ，相応の投資が必要となります。これまで，主に収益安定化の観点から，多人数参加型オンラインロールプレイングゲーム（MMO），スマートデバイス・PCブラウザ等，アミューズメント事業，出版事業等において，継続収益基盤を拡充してまいりました。今後，この取り組みを一層強化するとともに，他の事業にも拡大してまいります。継続収益基盤を確立することで，HDゲーム開発を中心にコンテンツへの持続的な投資が可能となります。そのコンテンツから生まれた収益が加わることで，当社グループ全体の収益を拡大し，持続的な成長を図ってまいります。

　ディストリビューション面においては，ストリーミングによって従来のディスク販売からデジタル販売へのシフトを加速させ，サブスクリプションモデルの採用といったビジネスモデルが変容する可能性があります。加えて，従来の家庭用ゲーム機が普及していない新興地域へのコンテンツ提供が可能になることでゲーム市場全体が成長する可能性があります。当社グループは，これらの変化に柔軟に対応して今後の成長につなげられるよう取り組んでまいります。また，新たな成長領域として，AI，クラウド，ブロックチェーンゲームを事業戦略における重点投資分野と定め，積極的な研究開発，投資を行ってまいります。

**（5） 経営上の目標の達成状況を判断するための客観的な指標等** ················

　当社グループは，収益性に裏付けられた利益成長を実現することが重要な経営課題と認識しており，売上高4,000〜5,000億円，営業利益600〜750億円を安定的に達成できる事業構造の確立と売上高営業利益率の改善を2024年3月期までの経営目標としてまいります。

**（6） ESGへの取り組み** ·······················

　当社はESG（環境保護・社会的責任・企業統治）への取り組みを通じて社会

に貢献し，企業価値の向上と持続的成長の実現を目指しています。

　環境保護への取り組みとして，当社はパッケージゲームのダウンロード販売を促進することにより，パッケージ商品の物流に伴う排出ガスの削減，マニュアルやゲームパッケージの電子化による資源の節約などに取り組んでおります。さらに，パッケージ商品においても，リサイクル可能な素材を使用するなど，環境への負荷を最小限に留める事業活動に努めております。

　社会的責任への取り組みとして，当社は，お客様が安心して遊べるように，国内外で販売される家庭用ゲームソフトについて，各販売国・地域のレーティング制度を遵守しています。日本でのレーティング制度は，特定非営利活動法人コンピュータエンターテインメントレーティング機構（略称CERO）が実施し，ゲームの表現内容に基づいて対象年齢を表示しております。また，当社は，当社が加盟する業界団体である一般社団法人コンピュータエンターテインメント協会（CESA）が制定した「ネットワークゲームにおけるランダム型アイテム提供方式運営ガイドライン」を遵守し，有料ガチャ（金銭もしくは金銭で購入できる仮想通貨を直接の対価として行うことができるランダム型アイテム提供方式）で提供されるアイテムについて，全てのアイテムとそれらの提供割合を表示することによって，お客様の購入判断に役立てていただいております。このように，当社は法令や業界ガイドラインを遵守して，お客様により安心・安全なゲームプレイ環境とサービスを提供しております。

　企業統治については，株主のみなさまを始め，当社を取り巻く全てのステークホルダーの利益を尊重し，良好な関係性を維持することが当社グループの持続的成長と中長期的な企業価値最大化の実現に必要不可欠と考えています。当社は，企業統治の一層の強化を目的として，監査等委員会設置会社制度を採用しております。社外取締役のみで構成する監査等委員会を設置することにより監視機能を強め，経営の健全性の維持を図っております。さらに，経営と執行の分離を明確にするため，業務執行を代表取締役に集約しており，「職務権限・業務分掌規程」に定める客観的基準のもとに，会社経営方針を決定する取締役会と業務執行に係る個別の意思決定を行う経営陣を明確に区分しております。これにより，経営判断の適正化と業務執行の効率化の両立を図っております。

---

## (point) 従業員の状況

　主力セグメントや，これまで会社を支えてきたセグメントの人数が多い傾向があるのは当然のことだろう。上場している大企業であれば平均年齢は40歳前後だ。また労働組合の状況にページが割かれている場合がある。その情報を載せている背景として，労働組合の力が強く，人数を削減しにくい企業体質だということを意味している。

当社グループのサステナビリティに関する考え方及び取組は，次のとおりであります。なお，文中の将来に関する事項は，当該有価証券報告書提出日現在において当社グループが判断したものであります。

**(1) ガバナンス** ··········································

・取締役会は，サステナビリティ関連のリスク及び執行による対策について，代表取締役社長より適宜報告を受け，評価，モニタリングを実施します。

・代表取締役社長は，当社グループの事業内容に即してリスクを分析し，必要な対策を立案・実行し，取締役会に定期的に報告します。

**(2) リスク管理** ··········································

・代表取締役社長は担当執行役員を定め，当該リスクの関係部門に対して必要な対策を実施させることとします。

・当社グループにおけるサステナビリティに係るリスクを選別し，重要なものについては，対応状況につき進捗管理を実施します。

**(3) 戦略** ··········································

**＜気候変動に関する戦略＞**

（リスクと影響）

　・将来の炭素税等導入による事業コストの増加

　・プラスチック利用規制による原材料，生産・調達コストの上昇

　・自然災害・温暖化の進行による事業継続の阻害，被災，従業員の働き方・生活への影響

（機会と影響）

　・再生可能エネルギーへの移行による炭素税の削減

　・デジタル化への更なる移行によるプラスチック等のコスト削減

（当社グループのリスクと機会への対応）

　・当社グループにおいて，温室効果ガス排出抑制のためには，自社使用電力の再生可能エネルギーへの切り替えが効果的かつ実行可能な施策と認識してお

---

(point) **業績等の概要**

　この項目では今期の売上や営業利益などの業績がどうだったのか，収益が伸びたあるいは減少した理由は何か，そして伸ばすためにどんなことを行ったかということがセグメントごとに分かる。現在，会社がどのようなビジネスを行っているのか最も分かりやすい箇所だと言える。

ります。国内事業所・データセンターに関して順次切り替えを予定しており，他の施設への対応も引き続き検討します。

## ＜人的資本に関する戦略（人材の育成に関する方針及び社内環境整備に関する方針）＞

　当社グループは，行動規範として，事業活動及び組織運営・人事管理にあたって，国籍，人種，宗教，思想信条，年齢，性別，性的指向，身体条件等の多様性を尊重する旨を定めており，管理職・中核人材を含むすべての従業員について，ジェンダー，国籍，新卒・中途採用にかかわらず，当社グループの事業活動に必要な人材を登用するようにしております。

## （4）　指標及び目標 ·····················································

### ＜気候変動に関する指標及び目標＞

　国内事業所・データセンター・アミューズメント施設における使用電力による$CO_2$排出量を定量的な指標とします。国内事業所・データセンターについては2030年にはほぼゼロを目標とします。アミューズメント施設については2050年には半減を目標とします。

### ＜人的資本に関する指標及び目標＞

　2023年3月末日現在の状況としては，当社グループの全従業員における，女性比率は約28％，外国人比率は約15％，中途採用者比率は約85％であり，当社グループの管理職における，女性比率は約13％，外国人比率は約9％，中途採用者比率は約85％となっております。

　今後も，当社グループの事業活動に必要な人材について，個人の属性にかかわらず登用し，一層の多様性を推進してまいります。

## 3　事業等のリスク

　有価証券報告書に記載した事業の状況，経理の状況等に関する事項のうち，経営者が連結会社の財政状態，経営成績及びキャッシュ・フローの状況に重要な影響を与える可能性があると認識している主要なリスクは，以下のとおりであります。

なお，文中の将来に関する事項は，当該有価証券報告書提出日現在において当社が判断したものであります。

**（1）　事業活動に関するリスク** ・・・・・・・・・・・・・・・・・・・・・・・・・・・・・・・・・・・・・・・・・・・・・・・・・・・・・・・

**①　ゲーム開発費の高騰**

　家庭用ゲーム機，PC，スマートフォン等，当社がゲームを提供するプラットフォームの高性能化・高機能化によって，コンテンツ体験が多様化・高度化しております。このような体験に対する顧客の期待は年々高まっており，それを満たすコンテンツ提供を行う必要があることから，ゲームの開発費は上昇傾向にあります。家庭用ゲーム機の次世代機の発売により，コンテンツの高度化がさらに進み，今後もゲーム開発費は増加すると予想されています。当社グループは，各タイトルの開発管理や収益管理を厳格化することにより，開発費の適正水準の維持に努めております。しかし，販売本数が当初の想定を下回り，開発費を十分回収できない場合，当社グループの業績に影響を及ぼす可能性があります。

　当社グループは，また，上記の事業環境を見据え，顧客のニーズを的確にとらえた魅力的なタイトル開発と収益性向上を同時に実現させるため，経営資源の最適配分に努めています。多人数参加型オンラインロールプレイングゲーム（MMO），スマートデバイス・PCブラウザ等，アミューズメント事業，及び出版事業において，継続課金収益の基盤を拡充することで，当社グループ事業全体の収益安定化に努めています。

**②　多様な顧客嗜好の変化，ビジネスモデルの多様化に対する当社の対応能力**

　高速通信環境の普及・発展，ストリーミングなどのクラウド環境におけるコンテンツ提供などにより，コンテンツの提供形態やビジネスモデルが多様化し，デジタルエンタテインメントの産業構造が大きく変化しています。当社グループがそれらの変化に適時的確に対応できない場合，当社グループの業績に影響を及ぼす可能性があります。

　当社グループは，顧客の多様なニーズに対応するため，当社の既存IP（知的財産）を中心に，デジタルエンタテインメント事業，アミューズメント事業，出版事業及びライツ・プロパティ等事業のコンテンツ，サービスおよび商品等に展開することにより，ユーザー層の拡大とユーザーエンゲージメントの向上による収

益の最大化を図ってまいります。また，新たな成長領域として，AI，クラウド，ブロックチェーンゲームを重点投資分野と定め，積極的な研究開発，投資を行ってまいります。

③　新しいコンテンツ・サービスの創造や海外展開を核とする当社の成長戦略を担う人材の確保

　　当社グループを取り巻く事業環境は大きく変わりつつあります。このような環境変化に適時的確に対応するためには，優秀な人材の確保が不可欠となりますが，必要な人材の確保が追いつかない場合，当社グループの業績に影響を及ぼす能性があります。

　　当社グループは，優秀な人材を採用し，それぞれの能力を最大かつ最適な形で発揮できることが持続的な成長を実現する原動力と考え，魅力的な企業風土の醸成，競争力ある処遇条件の維持，公平公正な人事評価制度の運用などに努めています。

④　国際的事業展開

　　当社グループは，国際的な事業展開を進めておりますが，当社グループが海外事業を展開している国における市場動向，政治・経済，法律・規制，社会情勢，その他の要因によって，当社グループの業績に影響を及ぼす可能性があります。

## （2）　経済環境に関するリスク …………………………………………

① 　経済環境の変化

　　消費者の需要を減退させるような経済情勢の著しい低迷は，当社グループの扱っているエンタテインメント分野における商品・サービスの消費を減退させる恐れがあり，当社グループの業績に影響を及ぼす可能性があります。

②　為替リスク

　　当社グループは，北米・欧州・アジアに在外連結子会社を所有しております。当該子会社において獲得した現地通貨は，主として現地での決済に使用するほか，現地での投資に振り向けることから，実質的な為替リスクは軽減されております。しかしながら，外貨建ての在外連結子会社の売上，費用，資産等は，連結財務諸表の作成時に円換算するため，換算時の為替レートが予想を超えて大幅に変動

した場合，当社グループの業績に影響を及ぼす可能性があります。

## （3） 法的規制・訴訟に関するリスク ·······························

### ① 情報・ネットワークシステム

　当社グループでは事業推進及び業務運営に必要な情報・ネットワークシステムを適切に構築・運用管理しておりますが，システム障害，運用ミスなどにより，業務運営に支障をきたし，機会損失や追加的費用が発生する可能性があります。

　また，当社グループでは，情報・ネットワークシステムへのサイバー攻撃，不正アクセス，コンピュータウィルス感染などの所謂セキュリティ・インシデントに対する堅固な予防・防御策を構築・運用管理しておりますが，万一，かかる対策によっても防止し得ないセキュリティ・インシデントが発生した場合，事業推進又は業務運営に支障をきたし，機会損失や追加的費用が発生する可能性があります。さらに，当社グループの顧客及び従業員の個人情報を含む営業秘密が社外へ漏洩し，追加的費用の発生や当社グループの社会的信用の低下を招くおそれがあります。

### ② 個人情報の管理

　個人情報保護法やEU一般データ保護規則の施行に伴い，個人情報の厳重な社内管理体制を整備するとともに，役員・従業員に対する個人情報保護に係る教育訓練も随時実施しております。しかし，上記「①情報・ネットワークシステム」で述べたようなセキュリティ・インシデントの結果，個人情報が社外へ漏洩した場合，当社グループの業績に影響を及ぼす可能性があります。

### ③ 風俗営業法

　ゲーム施設運営事業は，「風俗営業等の規制及び業務の適正化等に関する法律」及びその関連法令により規制を受けております。その内容は，店舗開設及び運営に関する許認可，営業時間帯の制限，入場者の年齢制限，出店地域の規制，施設の構造・内装・照明・騒音等に関する規制などです。当社グループは，同法を遵守しつつ適法適正な店舗運営を行っておりますが，同法の規制が強化された場合，当社グループの業績に影響を及ぼす可能性があります。

④ 訴訟等

　当社グループは，法令遵守及び第三者の権利尊重を含む行動規範を制定し，役員及び従業員に周知徹底しておりますが，国内外の事業展開に伴い，争訟の当事者となるリスクを不可避的に負っております。当社グループを相手取った訴訟などの法的手続きが提起された場合，当社グループに有利な条件で早期に解決する努力にも拘わらず，当社グループの業績に影響を及ぼす可能性があります。

## （4）　災害等に係るリスク

① 事故・災害

　当社グループは，地震その他の大規模自然災害，火災，停電，システム・ネットワーク障害，テロ，感染症の流行，その他の事故・災害による影響を最小化するために，定期的な災害防止検査，設備点検，避難誘導体制の整備，適切な防災・避難訓練などの対策を行っておりますが，激甚な事故・災害が発生した場合，当社グループの業績に影響を及ぼす可能性があります。

② 感染症拡大の影響

　当社グループでは，顧客，取引先及び従業員の安全を第一に考え，新型コロナウイルス感染症拡大の際には，当社グループが主催する各種イベントの中止又は延期，在宅勤務の導入等の施策により感染防止に努めるとともに，従前通りの事業継続を図るため，業務運営プロセスの見直しや情報システムの強化により，在宅勤務を基本とした業務運営の努力を継続しておりました。

　しかしながら，今後大規模かつ深刻な感染症が流行した場合，当社グループの事業領域においては，コンテンツに対する需要への影響，新作タイトルの開発スケジュールへの影響，アミューズメント施設運営の売上高減少などが生じる恐れがあります。その結果，当社グループへの業績に影響を及ぼす可能性があります。

## 4　経営者による財政状態，経営成績及びキャッシュ・フローの状況の分析

## （1）　経営成績等の状況の概要

　当連結会計年度における当社グループ（当社及び連結子会社）の財政状態，経営成績及びキャッシュ・フロー（以下「経営成績等」という。）の状況の概要は次

のとおりであります。

① 財政状態及び経営成績の状況

　当社グループは，報告セグメントをデジタルエンタテインメント事業，アミューズメント事業，出版事業，及びライツ・プロパティ等事業と定め，各々のセグメントにおいて，事業基盤の強化と収益力の向上に努めております。

　当連結会計年度の業績は，売上高は343,267百万円（前期比6.0％減），営業利益は44,331百万円（前期比25.2％減）となりました。為替相場が前期末と比較して円安となり為替差益が10,365百万円発生したことなどにより，経常利益は54,709百万円（前期比22.6％減）となりました。また，当社グループの海外のスタジオ及び一部IPを売却する株式譲渡契約の締結に係る関係会社株式売却益が9,465百万円発生したこと，国内スタジオの事業構造の最適化及び内製開発力の強化に伴いコンテンツ制作勘定の処分等6,303百万円を特別損失として計上したことなどにより，親会社株主に帰属する当期純利益は49,264百万円（前期比3.4％減）となりました。

　当連結会計年度の報告セグメント別の状況は次のとおりであります。

a. デジタルエンタテインメント事業

　ゲームを中心とするデジタルエンタテインメント・コンテンツの企画，開発，販売及び運営を行っております。デジタルエンタテインメント・コンテンツは，顧客のライフスタイルにあわせて，家庭用ゲーム機（携帯ゲーム機含む），PC，スマートデバイス等，多様な利用環境に対応しています。

　当連結会計年度は，HD（High-Definition：ハイディフィニション）ゲームにおいて，「CRISIS CORE FINAL FANTASY VII-REUNION」，「FORSPOKEN」，「オクトパストラベラー II」等の発売があったものの，「OUTRIDERS」，「NieR Replicant ver.1.22474487139...」，「Marvel's Guardians of the Galaxy」を発売した前年と比較して，新作タイトルによる収益が減少したことにより，前期比で減収となりました。

　MMO（多人数参加型オンラインロールプレイングゲーム）においては，「ファイナルファンタジー XIV」の拡張パッケージ発売がなかったこと等により，前期比で減収となりました。スマートデバイス・PCブラウザ等をプラットフォー

ムとしたコンテンツにおいては，既存タイトルの弱含み等により，前期比で減収となりました。

当事業における当連結会計年度の売上高は245,548百万円（前期比12.2%減）となり，営業利益は41,253百万円（前期比30.0%減）となりました。

### b. アミューズメント事業

アミューズメント施設の運営，並びにアミューズメント施設向けの業務用ゲーム機器・関連商製品の企画，開発及び販売を行っております。

当連結会計年度は，既存店売上高が前年を大幅に上回ったことを受け，前期比で増収増益となりました。

当事業における当連結会計年度の売上高は56,376百万円（前期比22.9%増）となり，営業利益は5,285百万円（前期比163.9%増）となりました。

### c. 出版事業

コミック雑誌，コミック単行本，ゲーム関連書籍等の出版，許諾等を行っております。

当連結会計年度は，デジタル販売及び紙媒体の販売が堅調に推移した一方で，印刷用紙等の値上げに伴う原価増に加えて，広告宣伝費の増加等により，前期比で減益となりました。

当事業における当連結会計年度の売上高は29,164百万円（前期比0.5%増）となり，営業利益は11,641百万円（前期比4.8%減）となりました。

### d. ライツ・プロパティ等事業

主として当社グループのコンテンツに関する二次的著作物の企画・制作・販売及びライセンス許諾を行っております。

当連結会計年度は，有力IPにかかる新規キャラクターグッズ等の販売が好調であったものの，商品別の売上構成比が変化したこと等により，前期比で増収減益となりました。

当事業における当連結会計年度の売上高は15,664百万円（前期比11.9%増）となり，営業利益は3,723百万円（前期比6.5%減）となりました。

当連結会計年度の財政状態の概要は次のとおりであります。

### a. 資産

　流動資産は，前連結会計年度末に比べて，6.1％増加し，342,258百万円となりました。これは主として現金及び預金が30,413百万円増加したこと，コンテンツ制作勘定が9,548百万円及び受取手形及び売掛金が5,059百万円減少したことによるものであります。

　固定資産は，前連結会計年度末に比べて，1.8％減少し，57,376百万円となりました。この結果，総資産は，前連結会計年度末に比べて，4.9％増加し，399,634百万円となりました。

### b. 負債

　流動負債は，前連結会計年度末に比べて，14.4％減少し，71,704百万円となりました。これは主として未払法人税等が4,990百万円，支払手形及び買掛金が4,040百万円及び賞与引当金が2,006百万円減少したことによるものであります。

　固定負債は，前連結会計年度末に比べて，15.9％減少し，10,663百万円となりました。この結果，負債合計は，前連結会計年度末に比べて，14.6％減少し，82,368百万円となりました。

### c. 純資産

　純資産合計は，前連結会計年度末に比べて，11.5％増加し，317,266百万円となりました。これは主として，親会社株主に帰属する当期純利益49,264百万円の計上，配当金の支払15,430百万円によるものであります。

### ② キャッシュ・フローの状況

　当連結会計年度における現金及び現金同等物の残高は，前連結会計年度末に比べ30,280百万円増加して，190,903百万円となりました。

　当連結会計年度における各キャッシュ・フローの状況とそれらの要因は以下のとおりであります。

### a. 営業活動によるキャッシュ・フロー

　営業活動の結果得られた資金は12,226百万円（前期比55.7％減）となりました。

これは主として，税金等調整前当期純利益58,431百万円，法人税等の支払額19,755百万円，関係会社株式売却益9,465百万円，為替差益9,635百万円，棚卸資産13,711百万円の増加，減価償却費6,921百万円によるものであり，全体としては資金が増加しました。

b. 投資活動によるキャッシュ・フロー

投資活動の結果獲得した資金は27,602百万円（前期は8,124百万円の支出）となりました。

これは主として，連結の範囲の変更を伴う子会社株式の売却による収入36,122百万円，有形固定資産の取得による支出5,676百万円及び無形固定資産の取得による支出2,873百万円によるものであります。

c. 財務活動によるキャッシュ・フロー

財務活動の結果使用した資金は15,523百万円（前期比66.1％増）となりました。

これは主として，配当金の支払額15,418百万円によるものであります。

③ 生産，受注及び販売の実績

a. 生産実績

当社グループの生産は同種の商製品であっても一様でないため，セグメントごとに生産規模を金額あるいは数量で示すことはしておりません。

b. 仕入実績

仕入実績をセグメントごとに示すと次のとおりであります。

| セグメントの名称 | 当連結会計年度<br>（自　2022年4月1日<br>至　2023年3月31日） | 前期比（%） |
|---|---|---|
| デジタルエンタテインメント事業（百万円） | 10,831 | △7.1% |
| アミューズメント事業（百万円） | 14,822 | 24.2% |
| 出版事業（百万円） | 3,233 | 2.0% |
| ライツ・プロパティ等事業（百万円） | 6,501 | 17.5% |
| 合計（百万円） | 35,389 | 9.6% |

c. 受注実績

当社グループは受注による生産は行っておりません。

#### d. 販売実績

販売実績をセグメントごとに示すと次のとおりであります。

| セグメントの名称 | 当連結会計年度<br>（自　2022年4月1日<br>至　2023年3月31日） | 前期比（％） |
|---|---|---|
| デジタルエンタテインメント事業（百万円） | 245,524 | △12.2% |
| アミューズメント事業（百万円） | 54,308 | 23.7% |
| 出版事業（百万円） | 29,016 | 0.5% |
| ライツ・プロパティ等事業（百万円） | 14,418 | 12.2% |
| 合計（百万円） | 343,267 | △6.0% |

（注）　セグメント間の取引については相殺消去しております。

**(2)　経営者の視点による経営成績等の状況に関する分析・検討内容** …………

　経営者の視点による当社グループの経営成績等の状況に関する認識及び分析・検討内容は次のとおりであります。

　なお，文中の将来に関する事項は，当該有価証券報告書提出日現在において判断したものであります。

① 　財政状態及び経営成績の状況に関する認識及び分析・検討内容

・「当連結会計年度の経営成績等」及び「セグメントごとの財政状態及び経営成績の状況」に関する認識及び分析・検討内容

　「（1）経営成績等の状況の概要　①財政状態及び経営成績の状況」に記載のとおりであります。

・経営成績に重要な影響を与える要因

　「第2　事業の状況　3事業等のリスク」に記載のとおり，当該事業リスクが発生した場合，経営成績に重要な影響を与える可能性があります。

　為替変動の影響

　当連結会計年度において主に円と米ドル及びユーロによる為替レートの変動の影響により10,365百万円の為替差益を計上しております。

・経営方針・経営戦略，経営上の目標の達成状況を判断するための客観的な指標等

　当社グループは，収益性に裏付けられた利益成長を実現することが重要な経

営課題と認識しており，売上高4,000～5,000億円，営業利益600～750億円を安定的に達成できる事業構造の確立と売上高営業利益率の改善を2024年3月期までの経営目標としてまいります。

　当連結会計年度の経営成績は売上高3,432億円，営業利益443億円となっており，目標達成に向けて，安定的な収益基盤の確立と新規IP向けの継続投資に取り組んでまいります。

（億円）

| 指標 | 第40期<br>2020年3月期 | 第41期<br>2021年3月期 | 第42期<br>2022年3月期 | 第43期<br>2023年3月期 | 第44期以降<br>2024年3月期以降 |
|---|---|---|---|---|---|
| 売上高 | 2,605 | 3,325 | 3,652 | 3,432 | 4,000～5,000 |
| 営業利益 | 327 | 472 | 592 | 443 | 600～750 |

② **キャッシュ・フローの状況の分析・検討内容並びに資本の財源及び資金の流動性に係る情報**

・「当連結会計年度のキャッシュ・フローの状況」に関する認識及び分析・検討内容

　「（1）経営成績等の状況の概要　②キャッシュ・フローの状況」に記載のとおりであります。

・資本の財源及び資金の流動性

　当社グループの運転資金需要のうち主なものには，デジタルエンタテインメント事業及びアミューズメント事業におけるソフトウェア制作に係る人件費及び外注開発費のほか，家庭用ゲームソフトのディスク製造費，アミューズメント事業のプライズ商材，出版事業の印刷物，ライツ・プロパティ等事業のグッズ等の商材，TVコマーシャル等の広告宣伝費があります。

　当社グループでは，運転資金及び設備資金は内部資金より資金調達をしております。

　また，当連結会計年度末における現金及び現金同等物の残高は190,903百万円となっており，当社グループの事業を推進していく上で充分な流動性を確保しております。

③　重要な会計上の見積り及び当該見積りに用いた仮定

当社グループの連結財務諸表は，わが国において一般に公正妥当と認められる企業会計の基準に基づき作成しております。この連結財務諸表を作成するにあたって，資産，負債，収益及び費用の報告額に影響を及ぼす見積り及び仮定を用いておりますが，これらの見積り及び仮定に基づく数値は実際の結果と異なる可能性があります。

会計上の見積り及び当該見積りに用いた仮定のうち，重要な項目は以下のとおりであります。

### a.　コンテンツ制作勘定の評価

当社グループは，コンテンツ制作勘定の評価について，第5　経理の状況　連結財務諸表「注記事項（重要な会計上の見積り）」に記載のとおり，重要な会計上の見積りと認識しております。

### b.　返金負債

当社グループは，返金負債について，第5　経理の状況　連結財務諸表「注記事項（重要な会計上の見積り）」に記載のとおり，重要な会計上の見積りと認識しております。

# 設備の状況

## 1　設備投資等の概要

　当社グループは，長期的戦略に基づき将来的に利益の極大化が図れる分野に対して重点を置き，合わせて技術力の向上及び経営の効率化のための投資を行っております。当連結会計年度の設備投資は，9,695百万円であり，主なものは，アミューズメント事業に係る業務用ゲーム機器への投資，並びにデジタルエンタテインメント事業に係る開発機材及びデータセンターのネットワーク機器の購入によるものであります。セグメント別の内訳は，デジタルエンタテインメント事業3,907百万円，アミューズメント事業3,264百万円，出版事業53百万円，ライツ・プロパティ等事業85百万円及び全社2,385百万円であります。

## 2　主要な設備の状況

　2023年3月31日現在における各事業所の設備，投下資本ならびに従業員の配置状況は，次のとおりであります。

### （1）　提出会社 ·····························································

| 事業所名<br>（所在地） | セグメントの名称 | 設備の内容 | 帳簿価額 | | | | 従業員数<br>（人） |
|---|---|---|---|---|---|---|---|
| | | | 建物及び<br>構築物<br>（百万円） | 工具、器具<br>及び備品<br>（百万円） | 土地<br>（百万円）<br>（面積㎡） | 合計<br>（百万円） | |
| 本社<br>（東京都新宿区） | 全社 | 本社設備等 | 89 | 0 | －<br>（－） | 89 | 22<br>（－） |

（注）　従業員数のうち臨時雇用者数は，年間平均人員を（　）外数で記載しております。

## （2） 国内子会社

| 会社名 | 事業所名（所在地） | セグメントの名称 | 設備の内容 | 帳簿価額 | | | | | | 従業員数（人） |
|---|---|---|---|---|---|---|---|---|---|---|
| | | | | 建物及び構築物（百万円） | 工具、器具及び備品（百万円） | アミューズメント機器（百万円） | 土地（百万円）（面積㎡） | その他（百万円） | 合計（百万円） | |
| 株式会社スクウェア・エニックス | 本社（東京都新宿区） | デジタルエンタテインメント事業、アミューズメント事業、出版事業、ライツ・プロパティ等事業、全社 | 本社及び開発設備等 | 1,338 | 906 | 0 | −（−） | − | 2,245 | 3,190（211） |
| | 大阪事業所（大阪府大阪市北区） | デジタルエンタテインメント事業、出版事業、ライツ・プロパティ等事業、全社 | 開発設備等 | 156 | 124 | − | −（−） | − | 281 | 140（36） |
| | その他 | デジタルエンタテインメント事業、アミューズメント事業、出版事業、ライツ・プロパティ等事業、全社 | データセンター等 | 135 | 2,486 | − | −（−） | − | 2,621 | −（−） |
| 株式会社タイトー | 本社（東京都新宿区） | デジタルエンタテインメント事業、アミューズメント事業、ライツ・プロパティ等事業、全社 | 一般事務管理及び営業・販売設備 | 13 | 7 | 0 | −（−） | − | 21 | 287（114） |
| | 厚木TLC（神奈川県厚木市） | アミューズメント事業 | アミューズメント機器のメンテナンス設備 | 22 | 0 | 0 | −（−） | − | 22 | 33（9） |
| | 厚木岡田オフィス（神奈川県厚木市） | 同上 | アミューズメント機器の開発・製造設備 | 27 | 0 | 0 | −（−） | − | 28 | 23（1） |
| | 札幌オフィス他（北海道地区） | 同上 | 営業・販売設備 | 17 | 2 | 66 | −（−） | − | 86 | 3（50） |
| | 仙台オフィス他（東北地区） | 同上 | 同上 | 90 | 5 | 124 | 171（3,383.04） | 3 | 394 | 13（97） |
| | 本社外事務所他（関東・東京地区） | 同上 | 同上 | 1,509 | 106 | 1,145 | 3,463（2,070.81） | 12 | 6,236 | 95（716） |
| | 名古屋オフィス他（中部北陸地区） | 同上 | 同上 | 128 | 3 | 193 | 65（776.68） | − | 390 | 13（120） |
| | 大阪オフィス他（関西地区） | 同上 | 同上 | 89 | 32 | 169 | −（−） | − | 291 | 24（90） |
| | 広島オフィス他（中国四国地区） | 同上 | 同上 | 119 | 4 | 135 | 70（643.47） | − | 328 | 10（84） |

| 福岡オフィス他（九州地区） | 同上 | 同上 | 326 | 77 | 189 | –<br>（–） | 50 | 643 | 14<br>（126） |
|---|---|---|---|---|---|---|---|---|---|
| その他 | 全社 | 福利厚生施設等 | 1 | 0 | – | 12<br>（7,091.78<br>） | – | 13 | –<br>（–） |

（注）1　従業員数のうち臨時雇用者数は，年間平均人員を（　）外数で記載しております。

　　　2　福利厚生施設等のその他の土地は，区分所有建物敷地の共有持分を含めております。

## （3）　在外子会社 ……………………………………………………………………

　主要な設備はありません。

## 3　設備の新設，除却等の計画

　当社グループの設備投資については，景気予測，業界動向，投資効率等を総合的に勘案して策定しております。設備計画は原則的に連結会社各社が個別に策定していますが，計画策定に当たってはグループ会議において提出会社を中心に調整を図っております。なお，当連結会計年度末における重要な設備の新設，除却等の計画はありません。

## 提出会社の状況

### 1 株式等の状況

#### （1） 株式の総数等 ·····

#### ① 株式の総数

| 種類 | 発行可能株式総数（株） |
|---|---|
| 普通株式 | 440,000,000 |
| 計 | 440,000,000 |

#### ② 発行済株式

| 種類 | 事業年度末現在<br>発行数（株）<br>（2023年3月31日） | 提出日現在<br>発行数（株）<br>（2023年6月26日） | 上場金融商品取引所名又は登録認可<br>金融商品取引業協会名 | 内容 |
|---|---|---|---|---|
| 普通株式 | 122,531,596 | 122,531,596 | 東京証券取引所<br>プライム市場 | 単元株式数は100<br>株であります。 |
| 計 | 122,531,596 | 122,531,596 | － | － |

（注） 「提出日現在発行数」欄には，2023年6月1日からこの有価証券報告書提出日までの新株予約権の行使
により発行された株式数は含まれておりません。

---

**point** 生産及び販売の状況

　　生産高よりも販売高の金額の方が大きい場合は，作った分よりも売れていることを意
味するので，景気が良い，あるいは会社のビジネスがうまくいっていると言えるケー
スが多い。逆に販売額の方が小さい場合は製品が売れなく，在庫が増えて景気が悪く
なっていると言える場合がある。

## 1 連結財務諸表及び財務諸表の作成方法について ……………………………

(1) 当社の連結財務諸表は，「連結財務諸表の用語，様式及び作成方法に関する規則」（昭和51年大蔵省令第28号。）に基づいて作成しております。

(2) 当社の財務諸表は，「財務諸表等の用語，様式及び作成方法に関する規則」（昭和38年大蔵省令第59号。以下「財務諸表等規則」という。）に基づいて作成しております。

　また，当社は，特例財務諸表提出会社に該当し，財務諸表等規則第127条の規定により財務諸表を作成しております。

## 2. 監査証明について ………………………………………………………

　当社は，金融商品取引法第193条の2第1項の規定に基づき，連結会計年度（2022年4月1日から2023年3月31日まで）の連結財務諸表及び事業年度（2022年4月1日から2023年3月31日まで）の財務諸表について，EY新日本有限責任監査法人による監査を受けております。

## 3. 連結財務諸表等の適正性を確保するための特段の取り組みについて ………

　当社は，会計基準等の内容を適切に把握し，会計基準等の変更等について的確に対応するため，財務会計基準機構に加入するとともに，必要に応じて企業会計基準委員会が開催する研修へ参加することとしております。

---

### ⓟⓞⓘⓝⓣ 対処すべき課題

　有報のなかで最も重要であり注目すべき項目。今，事業のなかで何かしら問題があればそれに対してどんな対策があるのか，上手くいっている部分をどう伸ばしていくのかなどの重要なヒントを得ることができる。また今後の成長に向けた技術開発の方向性や，新規事業の戦略についての理解を深めることができる。

## （1） 連結財務諸表 ·····················································

### ① 連結貸借対照表

（単位：百万円）

| | 前連結会計年度<br>（2022年3月31日） | 当連結会計年度<br>（2023年3月31日） |
|---|---|---|
| 資産の部 | | |
| 流動資産 | | |
| 現金及び預金 | 163,088 | 193,501 |
| 受取手形及び売掛金 | ※1 44,968 | ※1 39,908 |
| 商品及び製品 | 4,687 | 4,872 |
| 仕掛品 | 18 | － |
| 原材料及び貯蔵品 | 485 | 827 |
| コンテンツ制作勘定 | 96,765 | 87,217 |
| その他 | 12,711 | 16,185 |
| 貸倒引当金 | △268 | △255 |
| 流動資産合計 | 322,455 | 342,258 |
| 固定資産 | | |
| 有形固定資産 | | |
| 建物及び構築物 | 18,793 | 18,275 |
| 減価償却累計額 | △13,489 | △13,971 |
| 建物及び構築物（純額） | 5,303 | 4,303 |
| 工具、器具及び備品 | 19,431 | 17,232 |
| 減価償却累計額 | △14,730 | △13,241 |
| 工具、器具及び備品（純額） | 4,701 | 3,990 |
| アミューズメント機器 | 17,008 | 17,815 |
| 減価償却累計額 | △15,379 | △15,791 |
| アミューズメント機器（純額） | 1,629 | 2,023 |
| その他 | 4,955 | 3,050 |
| 減価償却累計額 | △1,314 | △1,223 |
| その他（純額） | 3,641 | 1,826 |
| 土地 | 3,782 | 3,782 |
| 建設仮勘定 | 757 | 1,815 |
| 有形固定資産合計 | 19,814 | 17,743 |
| 無形固定資産 | | |
| その他 | 7,375 | 5,856 |
| 無形固定資産合計 | 7,375 | 5,856 |
| 投資その他の資産 | | |
| 投資有価証券 | 2,727 | 4,629 |
| 差入保証金 | 11,028 | 11,074 |
| 退職給付に係る資産 | 649 | 795 |
| 繰延税金資産 | 10,526 | 11,027 |
| その他 | ※2 6,384 | ※2 6,279 |
| 貸倒引当金 | △57 | △30 |
| 投資その他の資産合計 | 31,257 | 33,775 |
| 固定資産合計 | 58,447 | 57,376 |
| 資産合計 | 380,902 | 399,634 |

| | 前連結会計年度<br>（2022年3月31日） | 当連結会計年度<br>（2023年3月31日） |
|---|---|---|
| **負債の部** | | |
| 流動負債 | | |
| 支払手形及び買掛金 | 27,598 | 23,558 |
| 未払法人税等 | 8,442 | 3,452 |
| 賞与引当金 | 6,539 | 4,532 |
| 返金負債 | 5,616 | 5,186 |
| その他 | ※3 35,602 | ※3 34,974 |
| 流動負債合計 | 83,800 | 71,704 |
| 固定負債 | | |
| 役員退職慰労引当金 | 17 | 7 |
| 退職給付に係る負債 | 3,842 | 3,908 |
| 繰延税金負債 | 874 | 0 |
| 資産除去債務 | 3,842 | 4,424 |
| その他 | 4,094 | 2,322 |
| 固定負債合計 | 12,672 | 10,663 |
| 負債合計 | 96,472 | 82,368 |
| **純資産の部** | | |
| 株主資本 | | |
| 資本金 | 24,039 | 24,039 |
| 資本剰余金 | 53,880 | 54,142 |
| 利益剰余金 | 221,316 | 255,151 |
| 自己株式 | △8,964 | △8,587 |
| 株主資本合計 | 290,272 | 324,745 |
| その他の包括利益累計額 | | |
| その他有価証券評価差額金 | △24 | 2 |
| 為替換算調整勘定 | △6,844 | △8,765 |
| 退職給付に係る調整累計額 | 116 | 308 |
| その他の包括利益累計額合計 | △6,752 | △8,454 |
| 新株予約権 | 718 | 752 |
| 非支配株主持分 | 191 | 222 |
| 純資産合計 | 284,429 | 317,266 |
| 負債純資産合計 | 380,902 | 399,634 |

---

(point) **事業等のリスク**

「対処すべき課題」の次に重要な項目。新規参入により長期的に価格競争が激しくなり企業の体力が奪われるようなことがあるため，その事業がどの程度参入障壁が高く安定したビジネスなのかなど考えるきっかけになる。また，規制や法律，訴訟なども企業によっては大きな問題になる可能性があるため，注意深く読む必要がある。

## ② 連結損益計算書及び連結包括利益計算書

### 連結損益計算書

（単位：百万円）

| | 前連結会計年度<br>（自 2021年4月1日<br>至 2022年3月31日） | 当連結会計年度<br>（自 2022年4月1日<br>至 2023年3月31日） |
|---|---:|---:|
| 売上高 | ※1 365,275 | ※1 343,267 |
| 売上原価 | ※2 169,960 | ※2 167,377 |
| 売上総利益 | 195,314 | 175,889 |
| 販売費及び一般管理費 | | |
| 荷造運搬費 | 2,999 | 3,459 |
| 広告宣伝費 | 24,739 | 24,744 |
| 販売促進費 | 611 | 309 |
| 役員報酬 | 738 | 587 |
| 給料及び手当 | 24,228 | 24,540 |
| 賞与引当金繰入額 | 6,484 | 3,978 |
| 退職給付費用 | 1,002 | 1,221 |
| 福利厚生費 | 3,396 | 3,587 |
| 賃借料 | 2,991 | 3,027 |
| 支払手数料 | 55,391 | 52,875 |
| 減価償却費 | 3,153 | 2,874 |
| その他 | 10,314 | 10,353 |
| 販売費及び一般管理費合計 | ※3 136,053 | ※3 131,557 |
| 営業利益 | 59,261 | 44,331 |
| 営業外収益 | | |
| 受取利息 | 101 | 714 |
| 受取配当金 | 0 | 0 |
| 為替差益 | 10,489 | 10,365 |
| 受取賃料 | 33 | 38 |
| 暗号資産売却益 | 2,904 | 1,358 |
| 売却目的事業に係る収益 | － | ※5 4,051 |
| 雑収入 | 777 | 411 |
| 営業外収益合計 | 14,307 | 16,940 |
| 営業外費用 | | |
| 支払利息 | 150 | 72 |
| 支払手数料 | 475 | 1,249 |
| コンテンツ等整理損 | 1,289 | － |
| 開発関連資産除却損 | 862 | － |
| 売却目的事業に係る費用 | － | ※5 5,191 |
| 雑損失 | 86 | 48 |
| 営業外費用合計 | 2,865 | 6,562 |
| 経常利益 | 70,704 | 54,709 |

| | 前連結会計年度<br>（自 2021年4月1日<br>至 2022年3月31日） | 当連結会計年度<br>（自 2022年4月1日<br>至 2023年3月31日） |
|---|---|---|
| 特別利益 | | |
| 固定資産売却益 | ※4 6 | ※4 826 |
| 商標権売却益 | － | 680 |
| 新株予約権戻入益 | 8 | 4 |
| 新型コロナウイルス感染症による助成金収入 | 290 | 11 |
| 関係会社株式売却益 | 353 | ※5 9,465 |
| その他 | 72 | 46 |
| 特別利益合計 | 730 | 11,033 |
| 特別損失 | | |
| 固定資産除却損 | ※6 212 | ※6 112 |
| 減損損失 | ※7 109 | ※7 73 |
| 投資有価証券評価損 | 351 | 162 |
| 臨時休業等による損失 | ※8 296 | － |
| 関係会社株式評価損 | 239 | 498 |
| コンテンツ等廃棄損 | － | ※5 6,303 |
| その他 | 1 | 161 |
| 特別損失合計 | 1,212 | 7,312 |
| 税金等調整前当期純利益 | 70,223 | 58,431 |
| 法人税、住民税及び事業税 | 20,511 | 11,060 |
| 法人税等調整額 | △1,320 | △1,916 |
| 法人税等合計 | 19,191 | 9,143 |
| 当期純利益 | 51,031 | 49,287 |
| 非支配株主に帰属する当期純利益 | 17 | 22 |
| 親会社株主に帰属する当期純利益 | 51,013 | 49,264 |

## 連結包括利益計算書

| | 前連結会計年度<br>（自 2021年4月1日<br>至 2022年3月31日） | 当連結会計年度<br>（自 2022年4月1日<br>至 2023年3月31日） |
|---|---|---|
| 当期純利益 | 51,031 | 49,287 |
| その他の包括利益 | | |
| その他有価証券評価差額金 | △83 | 27 |
| 為替換算調整勘定 | △1,167 | △1,911 |
| 退職給付に係る調整額 | △43 | 191 |
| その他の包括利益合計 | ※1 △1,295 | ※1 △1,692 |
| 包括利益 | 49,735 | 47,594 |
| （内訳） | | |
| 親会社株主に係る包括利益 | 49,696 | 47,562 |
| 非支配株主に係る包括利益 | 39 | 31 |

### ③ 連結株主資本等変動計算書

前連結会計年度（自 2021年4月1日 至 2022年3月31日）

（単位：百万円）

| | 株主資本 | | | | |
|---|---|---|---|---|---|
| | 資本金 | 資本剰余金 | 利益剰余金 | 自己株式 | 株主資本合計 |
| 当期首残高 | 24,039 | 53,593 | 179,722 | △9,556 | 247,799 |
| 会計方針の変更による累積的影響額 | | | △104 | | △104 |
| 会計方針の変更を反映した当期首残高 | 24,039 | 53,593 | 179,617 | △9,556 | 247,695 |
| 当期変動額 | | | | | |
| 剰余金の配当 | | | △9,315 | | △9,315 |
| 親会社株主に帰属する当期純利益 | | | 51,013 | | 51,013 |
| 自己株式の取得 | | | | △8 | △8 |
| 自己株式の処分 | | 287 | | 600 | 887 |
| 株主資本以外の項目の当期変動額（純額） | | | | | |
| 当期変動額合計 | － | 287 | 41,698 | 591 | 42,577 |
| 当期末残高 | 24,039 | 53,880 | 221,316 | △8,964 | 290,272 |

| | その他の包括利益累計額 | | | | 新株予約権 | 非支配株主持分 | 純資産合計 |
|---|---|---|---|---|---|---|---|
| | その他有価証券評価差額金 | 為替換算調整勘定 | 退職給付に係る調整累計額 | その他の包括利益累計額合計 | | | |
| 当期首残高 | 59 | △5,655 | 160 | △5,435 | 762 | 151 | 243,278 |
| 会計方針の変更による累積的影響額 | | | | | | | △104 |
| 会計方針の変更を反映した当期首残高 | 59 | △5,655 | 160 | △5,435 | 762 | 151 | 243,174 |
| 当期変動額 | | | | | | | |
| 剰余金の配当 | | | | | | | △9,315 |
| 親会社株主に帰属する当期純利益 | | | | | | | 51,013 |
| 自己株式の取得 | | | | | | | △8 |
| 自己株式の処分 | | | | | | | 887 |
| 株主資本以外の項目の当期変動額（純額） | △83 | △1,189 | △43 | △1,317 | △43 | 39 | △1,321 |
| 当期変動額合計 | △83 | △1,189 | △43 | △1,317 | △43 | 39 | 41,255 |
| 当期末残高 | △24 | △6,844 | 116 | △6,752 | 718 | 191 | 284,429 |

当連結会計年度（自　2022年4月1日　至　2023年3月31日）

（単位：百万円）

| | 株主資本 | | | | |
|---|---|---|---|---|---|
| | 資本金 | 資本剰余金 | 利益剰余金 | 自己株式 | 株主資本合計 |
| 当期首残高 | 24,039 | 53,880 | 221,316 | △8,964 | 290,272 |
| 当期変動額 | | | | | |
| 剰余金の配当 | | | △15,430 | | △15,430 |
| 親会社株主に帰属する当期純利益 | | | 49,264 | | 49,264 |
| 自己株式の取得 | | | | △5 | △5 |
| 自己株式の処分 | | 261 | | 382 | 644 |
| 株主資本以外の項目の当期変動額（純額） | | | | | |
| 当期変動額合計 | － | 261 | 33,834 | 376 | 34,473 |
| 当期末残高 | 24,039 | 54,142 | 255,151 | △8,587 | 324,745 |

| | その他の包括利益累計額 | | | | 新株予約権 | 非支配株主持分 | 純資産合計 |
|---|---|---|---|---|---|---|---|
| | その他有価証券評価差額金 | 為替換算調整勘定 | 退職給付に係る調整累計額 | その他の包括利益累計額合計 | | | |
| 当期首残高 | △24 | △6,844 | 116 | △6,752 | 718 | 191 | 284,429 |
| 当期変動額 | | | | | | | |
| 剰余金の配当 | | | | | | | △15,430 |
| 親会社株主に帰属する当期純利益 | | | | | | | 49,264 |
| 自己株式の取得 | | | | | | | △5 |
| 自己株式の処分 | | | | | | | 644 |
| 株主資本以外の項目の当期変動額（純額） | 27 | △1,921 | 191 | △1,702 | 33 | 31 | △1,636 |
| 当期変動額合計 | 27 | △1,921 | 191 | △1,702 | 33 | 31 | 32,836 |
| 当期末残高 | 2 | △8,765 | 308 | △8,454 | 752 | 222 | 317,266 |

④ 連結キャッシュ・フロー計算書

（単位：百万円）

| | 前連結会計年度<br>（自 2021年4月1日<br>至 2022年3月31日） | 当連結会計年度<br>（自 2022年4月1日<br>至 2023年3月31日） |
|---|---|---|
| 営業活動によるキャッシュ・フロー | | |
| 税金等調整前当期純利益 | 70,223 | 58,431 |
| 減価償却費 | 7,594 | 6,921 |
| 減損損失 | 109 | 73 |
| 貸倒引当金の増減額（△は減少） | 60 | △59 |
| 賞与引当金の増減額（△は減少） | 3,271 | △2,408 |
| 返金負債の増減額（△は減少） | △761 | △909 |
| 役員退職慰労引当金の増減額（△は減少） | △34 | △10 |
| 店舗閉鎖損失引当金の増減額（△は減少） | △172 | ― |
| 退職給付に係る資産の増減額（△は増加） | △152 | △91 |
| 退職給付に係る負債の増減額（△は減少） | 268 | 291 |
| 受取利息及び受取配当金 | △102 | △715 |
| 新型コロナウイルス感染症による助成金収入 | △290 | △11 |
| 支払利息 | 150 | 72 |
| 為替差損益（△は益） | △10,043 | △9,635 |
| 関係会社株式売却損益（△は益） | △353 | △9,465 |
| 暗号資産売却損益（△は益） | △2,904 | △1,358 |
| 固定資産除却損 | 212 | 112 |
| 固定資産売却益 | △6 | △826 |
| 商標権売却益 | ― | △680 |
| 投資有価証券評価損益（△は益） | 351 | 162 |
| 関係会社株式評価損 | 239 | 498 |
| コンテンツ等廃棄損 | ― | 6,303 |
| 売上債権の増減額（△は増加） | 1,332 | 6,463 |
| 棚卸資産の増減額（△は増加） | △17,207 | △13,711 |
| 仕入債務の増減額（△は減少） | 2,641 | △5,455 |
| その他の流動資産の増減額（△は増加） | △575 | △3,372 |
| その他の固定資産の増減額（△は増加） | 56 | △83 |
| その他の流動負債の増減額（△は減少） | △508 | 24 |
| その他 | △321 | 548 |
| 小計 | 53,077 | 31,108 |
| 利息及び配当金の受取額 | 102 | 715 |
| 利息の支払額 | △150 | △72 |
| 新型コロナウイルス感染症による助成金の受取額 | 290 | 11 |
| 法人税等の支払額 | △26,161 | △19,755 |
| 法人税等の還付額 | 412 | 219 |
| 営業活動によるキャッシュ・フロー | 27,570 | 12,226 |

| | 前連結会計年度<br>（自 2021年4月1日<br>至 2022年3月31日） | 当連結会計年度<br>（自 2022年4月1日<br>至 2023年3月31日） |
|---|---|---|
| 投資活動によるキャッシュ・フロー | | |
| 定期預金の預入による支出 | △3,449 | △3,933 |
| 定期預金の払戻による収入 | 3,449 | 3,929 |
| 有形固定資産の取得による支出 | △5,494 | △5,676 |
| 有形固定資産の売却による収入 | 7 | － |
| 無形固定資産の取得による支出 | △2,464 | △2,873 |
| 無形固定資産の売却による収入 | － | 1,506 |
| 投資有価証券の取得による支出 | △640 | △1,606 |
| 投資有価証券の運用による収入 | 697 | － |
| 出資金の払込による支出 | △1,306 | △348 |
| 子会社株式の取得による支出 | △687 | △682 |
| 関係会社株式の売却による収入 | 382 | － |
| 連結の範囲の変更を伴う子会社株式の売却による収入 | － | ※2 36,122 |
| 暗号資産の売却による収入 | 2,904 | 1,358 |
| 差入保証金の差入による支出 | △2,059 | △265 |
| 差入保証金の回収による収入 | 527 | 225 |
| その他 | 7 | △151 |
| 投資活動によるキャッシュ・フロー | △8,124 | 27,602 |
| 財務活動によるキャッシュ・フロー | | |
| リース債務の返済による支出 | △671 | △454 |
| 自己株式の取得による支出 | △8 | △5 |
| ストックオプションの行使による収入 | 599 | 354 |
| 配当金の支払額 | △9,308 | △15,418 |
| その他 | 46 | 0 |
| 財務活動によるキャッシュ・フロー | △9,343 | △15,523 |
| 現金及び現金同等物に係る換算差額 | 6,458 | 5,975 |
| 現金及び現金同等物の増減額（△は減少） | 16,561 | 30,280 |
| 現金及び現金同等物の期首残高 | 144,061 | 160,622 |
| 現金及び現金同等物の期末残高 | ※1 160,622 | ※1 190,903 |

【注記事項】
　（連結財務諸表作成のための基本となる重要な事項）

# 1．連結の範囲に関する事項 ……………………………………………………………

## （1）　連結子会社の数　17社 ………………………………………………………

主要な連結子会社の名称

SQUARE ENIX OF AMERICA HOLDINGS, INC.

株式会社スクウェア・エニックス

株式会社タイトー

株式会社 Luminous Production

SQUARE ENIX, INC.

SQUARE ENIX LTD.

SQUARE ENIX（China）CO., LTD.

SQUARE ENIX NEWCO LIMITED は，2022年4月に設立され，連結子会社としました。

SQUARE ENIX NEWCO LIMITED, CRYSTAL DYNAMICS,INC., EIDOS INTERACTIVE CORP.及び EIDOS CREATIVE SOFTWARE（SHANGHAI）CO., LTD.は，当連結会計年度において売却されたため，連結の範囲から除外しております。

## （2）　主要な非連結子会社の名称等 ………………………………………………

主要な非連結子会社

株式会社 Tokyo RPG Factory

株式会社スクウェア・エニックス・ビジネスサポート

株式会社スクウェア・エニックス・AI&アーツ・アルケミー

SQUARE ENIX PRIVATE LIMITED

（連結の範囲から除いた理由）

非連結子会社は，いずれも小規模であり，合計の総資産，売上高，当期純損益（持分に見合う額）及び利益剰余金（持分に見合う額）等は，いずれも連結財務諸表に重要な影響を及ぼしていないためであります。

## 2. 持分法の適用に関する事項

(1) 持分法適用の非連結子会社及び関連会社はありません。

(2) 持分法を適用していない非連結子会社（株式会社Tokyo RPG Factory，株式会社スクウェア・エニックス・ビジネスサポート，株式会社スクウェア・エニックス・AI&アーツ・アルケミー及びSQUARE ENIX PRIVATE LIMITED他）及び関連会社は，当期純損益（持分に見合う額）及び利益剰余金（持分に見合う額）等からみて，持分法の対象から除いても連結財務諸表に及ぼす影響が軽微であり，かつ，全体としても重要性がないため持分法の適用範囲から除外しております。

## 3. 連結子会社の事業年度等に関する事項

連結子会社のうち，SQUARE ENIX（China）CO., LTD.及び北京易通幻龍網絡科技有限公司の決算日は12月末日であります。

連結財務諸表の作成に当たっては，12月末日の財務諸表を使用し，連結決算日との間に生じた重要な取引については連結上必要な調整を行っております。

## 4. 会計方針に関する事項

### (1) 重要な資産の評価基準及び評価方法

（イ） 有価証券

その他有価証券

市場価格のない株式等以外のもの

　時価法（評価差額は全部純資産直入法により処理し，売却原価は移動平均法により算定）

市場価格のない株式等

　移動平均法による原価法

　なお，投資事業有限責任組合及びこれに類する組合への出資（金融商品取引法第2条第2項により有価証券とみなされるもの）については，組合契約に規定される決算報告日に応じて入手可能な決算書を基礎として持分相当額を純額で取り込む方法によっております。

（ロ）　デリバティブ

　時価法

（ハ）　棚卸資産

　商品及び製品

　　主として月別総平均法による原価法（収益性の低下による簿価切下げの方法）
及び移動平均法による原価法（収益性の低下による簿価切下げの方法）

　　ただし，アミューズメント機器は，個別法による原価法（収益性の低下によ
る簿価切下げの方法）

　コンテンツ制作勘定

　　個別法による原価法（収益性の低下による簿価切下げの方法）

　原材料，仕掛品

　　移動平均法による原価法（収益性の低下による簿価切下げの方法）

　貯蔵品

　　最終仕入原価法による原価法

**（2）　重要な減価償却資産の減価償却の方法** ·························

（イ）　有形固定資産（リース資産及び使用権資産を除く）

　　当社及び国内連結子会社は定率法を採用しております。ただし，1998年4
月1日以降に取得した建物（建物附属設備を除く），並びに2016年4月1日以
降取得した建物附属設備及び構築物は定額法を採用しております。また，海外
連結子会社は定額法を採用しております。

　　なお，主な耐用年数は次のとおりであります。

　建物及び構築物　　　　2～60年

　工具，器具及び備品　　2～20年

　アミューズメント機器　3～5年

（ロ）　無形固定資産（リース資産及び使用権資産を除く）

　　定額法を採用しております。自社利用のソフトウェアについては，社内にお
ける見込利用期間（3～5年）に基づく定額法を採用しております。

（ハ）　リース資産

所有権移転外ファイナンス・リース取引に係る資産リース期間を耐用年数と
し，残存価額を零とする定額法を採用しております。

（ニ）　使用権資産

　　リース期間を耐用年数とし，残存価額を零とする定額法を採用しております。

## (3)　重要な引当金の計上基準 ·································································

（イ）　貸倒引当金

　　債権の貸倒による損失に備えるため，一般債権については貸倒実績率により，
貸倒懸念債権等特定の債権については個別に回収可能性を勘案し，回収不能見
込額を計上しております。

（ロ）　賞与引当金

　　当社及び一部連結子会社は，従業員に対する賞与の支給に備えるため，当連
結会計年度に負担すべき支給見込額を計上しております。

（ハ）　店舗閉鎖損失引当金

　　一部連結子会社は，閉鎖を決定した店舗等の，今後発生すると見込まれる損
失について，合理的に見積もられる金額を計上しております。

（ニ）　役員退職慰労引当金

　　当社は，役員の退職慰労金の支給に備えるため，内規に基づく当連結会計年
度末要支給額を計上しております。

## (4)　退職給付に係る会計処理の方法 ·················································

（イ）　退職給付見込額の期間帰属方法

　　退職給付債務の算定にあたり，当社及び一部連結子会社は，退職給付見込
額を当連結会計年度末までの期間に帰属させる方法については，給付算定式基
準によっております。

（ロ）　数理計算上の差異及び過去勤務費用の費用処理方法

　　数理計算上の差異については，発生の翌連結会計年度に一括費用処理してお
ります。また，一部の連結子会社は，各連結会計年度の発生時における従業員
の平均残存勤務期間以内の一定の年数（5年）による定額法により，それぞれ

の発生の翌連結会計年度から費用処理しております。

過去勤務費用については，その発生時の従業員の平均残存勤務期間以内の一定の年数（1年又は5年）による按分額を費用処理しております。

**（5） 重要な収益及び費用の計上基準** ·················································

当社グループは，以下の5ステップを適用することにより収益を認識しております。

ステップ1：顧客との契約を識別する

ステップ2：契約における履行義務を識別する

ステップ3：取引価格を算定する

ステップ4：契約における履行義務に取引価格を配分する

ステップ5：履行義務を充足した時に又は充足するにつれて収益を認識する

当社グループがサービスに対する主たる責任や価格の設定について裁量権を有していない場合には，収益を純額で認識しております。

当社グループは，報告セグメントをデジタルエンタテインメント事業，アミューズメント事業，出版事業，及びライツ・プロパティ等事業と定め，グローバルに事業を展開しております。

（イ） デジタルエンタテインメント事業

ゲームを中心とするデジタルエンタテインメント・コンテンツの企画，開発，販売及び運営を行っております。デジタルエンタテインメント・コンテンツは，顧客のライフスタイルにあわせて，家庭用ゲーム機（携帯ゲーム機含む），PC，スマートデバイス等，多様な利用環境に対応しています。

HD（High-Definition：ハイディフィニション）ゲームでは，ディスク媒体及びデジタル媒体により販売等を行っております。MMO（多人数参加型オンラインロールプレイングゲーム）では，ディスク媒体及びデジタル媒体による販売並びに継続課金方法等により運営等を行っております。スマートデバイス・PCブラウザ等をプラットフォームを通じたコンテンツでは，デジタル・コンテンツをアイテム課金等の方法により運営等を行っております。このほか，ゲーム配信権等の許諾に係る顧客からのライセンス収入があります。

ディスク媒体及びデジタル媒体については，顧客に引き渡した時点で履行義務を充足したと判断できるものは一時点で収益を認識しております。顧客に未提供の要素がある場合には当該未提供の要素に対する見積売却価値を算定し，その提供に応じて当該価値相当額を収益認識しております。国内のディスク媒体の販売では，出荷時から顧客に引き渡すまでの期間が通常の期間である場合には出荷時に収益を認識しております。継続課金については，月額課金制を採用しており，時の経過により履行義務が充足されるものと判断しております。そのため，契約期間にわたって収益を認識しております。アイテム課金については，顧客であるユーザが当該アイテム等を用いてゲームを行い，当社グループがアイテムごとに定められた内容の役務の提供を行うことで履行義務が充足されるものと判断しております。そのため，顧客の見積り利用期間に基づいて収益を認識しております。ゲーム配信権等の許諾に係る顧客からのライセンス収入については，ライセンスを顧客に供与する際の約束の性質が，ライセンスが供与される時点で知的財産を使用する権利である場合は，一時点で収益を認識しております。ただし，上記にかかわらず，売上高ベースのロイヤルティに係る収益は，ライセンシーが売上高を計上した月に係るロイヤリティ・レポートを受領し，その発生時点を考慮して履行義務の充足を判断し，一時点で収益を認識しております。

　また，海外のディスク媒体の販売では，顧客との契約において約束された対価から，将来予想される返金額を控除した金額で測定しております。

　取引の対価は履行義務を充足してから1年以内に受領しており，重要な金融要素は含まれておりません。

（ロ）　アミューズメント事業

　アミューズメント施設の運営，並びにアミューズメント施設向けの業務用ゲーム機器・関連商製品の企画，開発及び販売を行っております。

　アミューズメント施設の運営については，顧客がプレーした時点で履行義務を充足したと判断し，一時点で収益を認識しております。アミューズメント施設向けの業務用ゲーム機器・関連商製品の販売については，顧客に引き渡した時点で履行義務を充足したと判断し，一時点で収益を認識しております。出荷

時から顧客に引き渡すまでの期間が通常の期間である場合には出荷時に収益を認識しております。

　取引の対価は履行義務を充足してから１年以内に受領しており，重要な金融要素は含まれておりません。

（ハ）　出版事業

　コミック雑誌，コミック単行本，ゲーム関連書籍等の出版，許諾等を行っております。

　コミック雑誌，コミック単行本，ゲーム関連書籍等を紙媒体及びデジタル媒体により販売を行っております。このほか，出版権等の許諾に係る顧客からのライセンス収入があります。

　紙媒体及びデジタル媒体については，顧客に引き渡した時点で履行義務を充足したと判断し，一時点で収益を認識しております。出版権等の許諾に係る顧客からのライセンス収入については，ライセンスを顧客に供与する際の約束の性質が，ライセンス期間にわたり知的財産にアクセスする権利である場合は，一定の期間にわたり収益を認識し，ライセンスが供与される時点で知的財産を使用する権利である場合は，一時点で収益を認識しております。

　また，収益は顧客との契約において約束された対価から将来予想される返品等を控除した金額で測定しております。取引の対価は履行義務を充足してから１年以内に受領しており，重要な金融要素は含まれておりません。

（ニ）　ライツ・プロパティ等事業

　主として当社グループのコンテンツに関する二次的著作物の企画・制作・販売及びライセンス許諾を行っております。

　二次的著作物であるグッズ等の販売については，顧客に引き渡した時点で履行義務を充足したと判断し，一時点で収益を認識しております。国内のMDの販売では，出荷時から顧客に引き渡すまでの期間が通常の期間である場合には出荷時に収益を認識しております。

　二次的著作物である音楽・映像製品については，ディスク媒体及びデジタル媒体により販売を行っております。顧客に引き渡した時点で履行義務を充足したと判断し，一時点で収益を認識しております。国内のディスク媒体の販売で

は，出荷時から顧客に引き渡すまでの期間が通常の期間である場合には出荷時に収益を認識しております。

二次的著作物の許諾に係る顧客からのライセンス収入については，ライセンスを顧客に供与する際の約束の性質が，ライセンス期間にわたり知的財産にアクセスする権利である場合は，一定の期間にわたり収益を認識し，ライセンスが供与される時点で知的財産を使用する権利である場合は，一時点で収益を認識しております。

取引の対価は履行義務を充足してから1年以内に受領しており，重要な金融要素は含まれておりません。

## (6) 重要な外貨建の資産又は負債の本邦通貨への換算基準 ·····················

外貨建金銭債権債務は，連結決算日の直物為替相場により円貨に換算し，換算差額は損益として処理しております。なお，在外子会社等の資産及び負債は，連結決算日の直物為替相場により円貨に換算し，収益及び費用は期中平均相場により円貨に換算し，換算差額は純資産の部における為替換算調整勘定及び非支配株主持分に含めて計上しております。

## (7) 連結キャッシュ・フロー計算書における資金の範囲 ·····················

手許現金，随時引き出し可能な預金及び容易に換金可能であり，かつ，価値の変動について僅少なリスクしか負わない取得日から3ヶ月以内に償還期限の到来する短期投資からなっております。

## (8) その他連結財務諸表作成のための重要な事項 ·····························

(イ) グループ通算制度の適用

グループ通算制度を適用しております。

(ロ) 重要な費用の計上基準

コンテンツ制作勘定については，見込販売収益に応じて売上原価に計上しております。

（重要な会計上の見積り）

　当連結会計年度の連結財務諸表を作成するにあたって行った会計上の見積りのうち，翌連結会計年度の連結財務諸表に重要な影響を及ぼすリスクがあるものが識別されなかったため記載を省略しております。

（会計方針の変更）

（コンテンツ制作勘定の評価）

**（1）　当連結会計年度の連結財務諸表に計上した金額** ⋯⋯⋯⋯⋯⋯⋯⋯⋯

（単位：百万円）

| | 前連結会計年度<br>（2022年3月31日） | 当連結会計年度<br>（2023年3月31日） |
|---|---|---|
| 棚卸資産評価損 | 3,838 | 5,308 |
| コンテンツ制作勘定 | 96,765 | 87,217 |

**（2）　連結財務諸表利用者の理解に資するその他の情報** ⋯⋯⋯⋯⋯⋯⋯⋯⋯

**①　算出方法**

　開発プロジェクトごとに，期末において見込まれる将来販売時点の売価に基づく正味売却価額がコンテンツ制作勘定の簿価を下回っていると判断した場合には，棚卸資産評価損を計上しております。正味売却価額は，類似タイトルの販売実績及び開発実績並びに販売市場の動向等に基づいて見積もった将来の売上高及び開発費等より算定しています。見積りに使用される将来の売上高及び開発費等は投資会議により決定され，環境変化に応じて見直されております。

**②　主要な仮定**

　将来の売上高は，HDゲーム・MMOにおいては平均販売単価及び販売本数（ディスク本数及びダウンロード本数），スマートデバイス等においては平均課金単価及びユーザー数から構成されており，これらを主要な仮定としています。

**③　翌連結会計年度の連結財務諸表に与える影響**

　主要な仮定であるHDゲーム・MMOにおける平均販売単価及び販売本数，スマートデバイス等における平均課金単価及びユーザー数は，過去の実績等に基づいておりますが，リリース時の需要又は市場状況の影響を受けるため見積りには

高い不確実性が伴います。将来の売上高の変動に伴い将来販売時点の売価に基づく正味売却価額が変動することによって，翌年度のコンテンツ制作勘定の評価に重要な影響を及ぼす可能性があります。


（返金負債）
**（1）　当連結会計年度の連結財務諸表に計上した金額** ······························

（単位：百万円）

| | 前連結会計年度<br>（2022年3月31日） | 当連結会計年度<br>（2023年3月31日） |
|---|---|---|
| 返金負債 | 5,088 | 4,649 |

**（2）　連結財務諸表利用者の理解に資するその他の情報** ························

**①　算出方法**

　当社グループの一部海外連結子会社は，ゲームソフトの返品等による損失に備えるため，タイトルごとに将来における損失見込額を返金負債として計上しております。将来における損失見込額は，期末時点におけるタイトルごとの卸売会社及び小売会社に対する将来の返金率に基づき算出しております。

**②　主要な仮定**

　タイトルごとの将来の返金率を主要な仮定として設定しております。

**③　翌連結会計年度の連結財務諸表に与える影響**

　主要な仮定である将来の返金率は，過去の販売実績に対する返金率並びに卸売会社及び小売会社における販売状況等に基づいておりますが，将来の需要又は市場環境等の影響を受けるため見積りには高い不確実性が伴います。タイトルごとの将来における損失見込額が変動することによって，翌年度の返金負債に重要な影響を及ぼす可能性があります。


（会計方針の変更）

　（時価の算定に関する会計基準の適用指針の適用）

　「時価の算定に関する会計基準の適用指針」（企業会計基準適用指針第31号2021年6月17日。以下「時価算定会計基準適用指針」という。）を当連結会計

年度の期首から適用し，時価算定会計基準適用指針第27-2項に定める経過的な取扱いに従って，時価算定会計基準適用指針が定める新たな会計方針を将来にわたって適用することといたしました。なお，連結財務諸表に与える影響はありません。

（未適用の会計基準等）
　（法人税，住民税及び事業税等に関する会計基準等）
・「法人税，住民税及び事業税等に関する会計基準」（企業会計基準第27号
　2022年10月28日　企業会計基準委員会）
・「包括利益の表示に関する会計基準」（企業会計基準第25号　2022年10月
　28日　企業会計基準委員会）
・「税効果会計に係る会計基準の適用指針」（企業会計基準適用指針第28号
　2022年10月28日　企業会計基準委員会）
（1）　概要
　　2018年2月に企業会計基準第28号「『税効果会計に係る会計基準』の一部改正」等（以下「企業会計基準第28号等」）が公表され，日本公認会計士協会における税効果会計に関する実務指針の企業会計基準委員会への移管が完了されましたが，その審議の過程で，次の2つの論点について，企業会計基準第28号等の公表後に改めて検討を行うこととされていたものが，審議され，公表されたものであります。
　　・税金費用の計上区分（その他の包括利益に対する課税）
　　・グループ法人税制が適用される場合の子会社株式等（子会社株式又は関連会社株式）の売却に係る税効果
（2）　適用予定日
　　2025年3月期の期首から適用します。
（3）　当該会計基準等の適用による影響
　　「法人税，住民税及び事業税等に関する会計基準」等の適用による連結財務諸表に与える影響額については，現時点で評価中であります。

（表示方法の変更）

　　該当事項はありません。


（会計上の見積りの変更）

　（資産除去債務の見積額の変更）

　　当社及び一部の連結子会社は，本社オフィス及びアミューズメント施設の店舗の不動産賃借契約に伴う原状回復義務として計上していた資産除去債務について，直近の物価の高騰等を考慮して，見積額の変更を行っております。

　　この見積りの変更による増加額577百万円を変更前の資産除去債務残高に加算しております。

　　この変更により，従来に比べて，当連結会計年度の営業利益，経常利益及び税金等調整前当期純利益はそれぞれ99百万円減少しております。


（追加情報）

　（グループ通算制度を適用する場合の会計処理及び開示に関する取扱いの適用）

　　当社及び国内連結子会社は，当連結会計年度から，連結納税制度からグループ通算制度へ移行しております。これに伴い，法人税及び地方法人税並びに税効果会計の会計処理及び開示については，「グループ通算制度を適用する場合の会計処理及び開示に関する取扱い」（実務対応報告第42号　2021年8月12日。以下「実務対応報告第42号」という。）に従っております。また，実務対応報告第42号第32項（1）に基づき，実務対応報告第42号の適用に伴う会計方針の変更による影響はないものとみなしております。

## 2 財務諸表等

## （1） 財務諸表 ·······························································

### ① 貸借対照表

（単位：百万円）

|  | 前事業年度<br>（2022年3月31日） | 当事業年度<br>（2023年3月31日） |
|---|---|---|
| 資産の部 |  |  |
| 流動資産 |  |  |
| 現金及び預金 | 41,771 | 54,606 |
| 営業未収入金 | ※1 2,190 | ※1 1,927 |
| 未収入金 | ※1 12,556 | ※1 8,451 |
| その他 | ※1 751 | ※1 507 |
| 流動資産合計 | 57,269 | 65,492 |
| 固定資産 |  |  |
| 有形固定資産 |  |  |
| 建物 | 125 | 89 |
| 工具、器具及び備品 | 0 | 0 |
| 有形固定資産合計 | 125 | 89 |
| 無形固定資産 |  |  |
| その他 | 9 | 6 |
| 無形固定資産合計 | 9 | 6 |
| 投資その他の資産 |  |  |
| 投資有価証券 | 2,491 | 4,216 |
| 関係会社株式 | 66,727 | 66,911 |
| 関係会社長期貸付金 | 14,066 | 1,200 |
| 繰延税金資産 | 3,011 | 3,052 |
| 差入保証金 | 4,683 | 4,683 |
| 貸倒引当金 | △5,501 | ― |
| 投資その他の資産合計 | 85,480 | 80,064 |
| 固定資産合計 | 85,615 | 80,160 |
| 資産合計 | 142,885 | 145,653 |

| | 前事業年度<br>（2022年3月31日） | 当事業年度<br>（2023年3月31日） |
|---|---:|---:|
| **負債の部** | | |
| 流動負債 | | |
| 未払金 | ※1 1,425 | ※1 875 |
| 未払法人税等 | 3,802 | 141 |
| 賞与引当金 | 46 | 45 |
| その他 | ※1 1,342 | ※1 965 |
| 流動負債合計 | 6,617 | 2,027 |
| 固定負債 | | |
| 長期預り金 | ※1 2,698 | ※1 2,698 |
| 退職給付引当金 | 65 | 57 |
| 役員退職慰労引当金 | 17 | 7 |
| 資産除去債務 | 110 | 140 |
| 事業損失引当金 | ― | 5,501 |
| 固定負債合計 | 2,891 | 8,404 |
| 負債合計 | 9,508 | 10,432 |
| **純資産の部** | | |
| 株主資本 | | |
| 資本金 | 24,039 | 24,039 |
| 資本剰余金 | | |
| 資本準備金 | 53,274 | 53,274 |
| その他資本剰余金 | 605 | 867 |
| 資本剰余金合計 | 53,880 | 54,142 |
| 利益剰余金 | | |
| 利益準備金 | 885 | 885 |
| その他利益剰余金 | | |
| 別途積立金 | 9,522 | 9,522 |
| 繰越利益剰余金 | 53,252 | 54,371 |
| 利益剰余金合計 | 63,660 | 64,778 |
| 自己株式 | △8,964 | △8,587 |
| 株主資本合計 | 132,616 | 134,373 |
| 評価・換算差額等 | | |
| その他有価証券評価差額金 | 41 | 95 |
| 評価・換算差額等合計 | 41 | 95 |
| 新株予約権 | 718 | 752 |
| 純資産合計 | 133,376 | 135,220 |
| 負債純資産合計 | 142,885 | 145,653 |

## ② 損益計算書

（単位：百万円）

| | 前事業年度<br>（自　2021年4月1日<br>至　2022年3月31日） | 当事業年度<br>（自　2022年4月1日<br>至　2023年3月31日） |
|---|---|---|
| 営業収益 | ※1 29,556 | ※1 21,534 |
| 営業費用 | ※1,※2 2,011 | ※1,※2 2,362 |
| 営業利益 | 27,544 | 19,171 |
| 営業外収益 | | |
| 　受取利息 | ※1 68 | ※1 14 |
| 　受取配当金 | 0 | 0 |
| 　受取賃貸料 | ※1 157 | ※1 155 |
| 　為替差益 | 128 | 408 |
| 　有価証券運用益 | 717 | 321 |
| 　雑収入 | ※1 11 | ※1 11 |
| 　営業外収益合計 | 1,083 | 910 |
| 営業外費用 | | |
| 　支払手数料 | 467 | 1,462 |
| 　寄付金 | 68 | 10 |
| 　営業外費用合計 | 536 | 1,472 |
| 経常利益 | 28,091 | 18,610 |
| 特別利益 | | |
| 　新株予約権戻入益 | 8 | 4 |
| 　関係会社清算益 | － | 45 |
| 　特別利益合計 | 8 | 49 |
| 特別損失 | | |
| 　関係会社株式評価損 | 6,162 | 498 |
| 　貸倒引当金繰入額 | 1,121 | － |
| 　投資有価証券評価損 | 231 | 57 |
| 　その他 | 0 | － |
| 　特別損失合計 | 7,515 | 555 |
| 税引前当期純利益 | 20,584 | 18,104 |
| 法人税、住民税及び事業税 | 1,914 | 1,619 |
| 法人税等調整額 | 137 | △62 |
| 法人税等合計 | 2,051 | 1,556 |
| 当期純利益 | 18,533 | 16,548 |

### ③ 株主資本等変動計算書

前事業年度（自　2021年4月1日　至　2022年3月31日）

（単位：百万円）

| | 株主資本 | | | | | | | | | |
| | 資本金 | 資本剰余金 | | | 利益剰余金 | | | | 自己株式 | 株主資本合計 |
| | | 資本準備金 | その他資本剰余金 | 資本剰余金合計 | 利益準備金 | その他利益剰余金 | | 利益剰余金合計 | | |
| | | | | | | 別途積立金 | 繰越利益剰余金 | | | |
|---|---|---|---|---|---|---|---|---|---|---|
| 当期首残高 | 24,039 | 53,274 | 318 | 53,593 | 885 | 9,522 | 44,034 | 54,442 | △9,556 | 122,519 |
| 当期変動額 | | | | | | | | | | |
| 剰余金の配当 | | | | | | | △9,315 | △9,315 | | △9,315 |
| 当期純利益 | | | | | | | 18,533 | 18,533 | | 18,533 |
| 自己株式の取得 | | | | | | | | | △8 | △8 |
| 自己株式の処分 | | | 287 | 287 | | | | | 600 | 887 |
| 株主資本以外の項目の当期変動額（純額） | | | | | | | | | | |
| 当期変動額合計 | − | − | 287 | 287 | − | − | 9,217 | 9,217 | 591 | 10,096 |
| 当期末残高 | 24,039 | 53,274 | 605 | 53,880 | 885 | 9,522 | 53,252 | 63,660 | △8,964 | 132,616 |

| | 評価・換算差額等 | | 新株予約権 | 純資産合計 |
| | その他有価証券評価差額金 | 評価・換算差額等合計 | | |
|---|---|---|---|---|
| 当期首残高 | 57 | 57 | 762 | 123,339 |
| 当期変動額 | | | | |
| 剰余金の配当 | | | | △9,315 |
| 当期純利益 | | | | 18,533 |
| 自己株式の取得 | | | | △8 |
| 自己株式の処分 | | | | 887 |
| 株主資本以外の項目の当期変動額（純額） | △16 | △16 | △43 | △59 |
| 当期変動額合計 | △16 | △16 | △43 | 10,036 |
| 当期末残高 | 41 | 41 | 718 | 133,376 |

## 当事業年度（自　2022年4月1日　至　2023年3月31日）

（単位：百万円）

| | 株主資本 | | | | | | | | | |
| | | 資本剰余金 | | | 利益剰余金 | | | | 自己株式 | 株主資本合計 |
| | 資本金 | 資本準備金 | その他資本剰余金 | 資本剰余金合計 | 利益準備金 | その他利益剰余金 別途積立金 | その他利益剰余金 繰越利益剰余金 | 利益剰余金合計 | | |
|---|---|---|---|---|---|---|---|---|---|---|
| 当期首残高 | 24,039 | 53,274 | 605 | 53,880 | 885 | 9,522 | 53,252 | 63,660 | △8,964 | 132,616 |
| 当期変動額 | | | | | | | | | | |
| 剰余金の配当 | | | | | | | △15,430 | △15,430 | | △15,430 |
| 当期純利益 | | | | | | | 16,548 | 16,548 | | 16,548 |
| 自己株式の取得 | | | | | | | | | △5 | △5 |
| 自己株式の処分 | | | 261 | 261 | | | | | 382 | 644 |
| 株主資本以外の項目の当期変動額（純額） | | | | | | | | | | |
| 当期変動額合計 | － | － | 261 | 261 | － | － | 1,118 | 1,118 | 376 | 1,756 |
| 当期末残高 | 24,039 | 53,274 | 867 | 54,142 | 885 | 9,522 | 54,371 | 64,778 | △8,587 | 134,373 |

| | 評価・換算差額等 | | 新株予約権 | 純資産合計 |
| | その他有価証券評価差額金 | 評価・換算差額等合計 | | |
|---|---|---|---|---|
| 当期首残高 | 41 | 41 | 718 | 133,376 |
| 当期変動額 | | | | |
| 剰余金の配当 | | | | △15,430 |
| 当期純利益 | | | | 16,548 |
| 自己株式の取得 | | | | △5 |
| 自己株式の処分 | | | | 644 |
| 株主資本以外の項目の当期変動額（純額） | 54 | 54 | 33 | 87 |
| 当期変動額合計 | 54 | 54 | 33 | 1,844 |
| 当期末残高 | 95 | 95 | 752 | 135,220 |

【注記事項】

（重要な会計方針）

## 1. 資産の評価基準及び評価方法

有価証券の評価基準及び評価方法

（1） 子会社及び関連会社株式：移動平均法による原価法

（2） その他有価証券

市場価格のない株式等以外のもの：

時価法（評価差額は全部純資産直入法により処理し，売却原価は移動平均法により算定）

市場価格のない株式等：

移動平均法による原価法

なお，投資事業有限責任組合及びこれに類する組合への出資（金融商品取引法第2条第2項により有価証券とみなされるもの）については，組合契約に規定される決算報告日に応じて入手可能な決算書を基礎として持分相当額を純額で取り込む方法によっております。

## 2. 固定資産の減価償却の方法

## （1） 有形固定資産

定率法を採用しております。ただし，1998年4月1日以降に取得した建物（建物附属設備は除く），並びに2016年4月1日以降取得した建物附属設備及び構築物は定額法を採用しております。なお，主な耐用年数は以下のとおりであります。

| | |
|---|---|
| 建物 | 16～23年 |
| 建物附属設備 | 10～18年 |
| 工具，器具及び備品 | 5～15年 |

## （2） 無形固定資産

定額法を採用しております。

| | |
|---|---|
| ソフトウェア | 5年 |

## 3. 引当金の計上基準

### (1) 貸倒引当金

債権の貸倒による損失に備えるため，一般債権については貸倒実績率により，貸倒懸念債権等特定の債権については個別に回収可能性を勘案し，回収不能見込額を計上しております。

### (2) 賞与引当金

従業員に対する賞与の支給に備えるため，当事業年度に負担すべき支給見込額を計上しております。

### (3) 退職給付引当金

従業員の退職給付に備えるため，当事業年度末における退職給付債務の見込額に基づき計上しております。

退職給付引当金及び退職給付費用の処理方法は以下のとおりです。

#### ① 退職給付見込額の期間帰属方法

退職給付債務の算定にあたり，退職給付見込額を当期までの期間に帰属させる方法については，給付算定式基準によっております。

#### ② 数理計算上の差異及び過去勤務費用の費用処理方法

数理計算上の差異については，発生の翌事業年度に一括費用処理しております。過去勤務費用については，その発生時の従業員の平均残存勤務期間以内の一定の年数（1年）による按分額を費用処理しております。

### (4) 役員退職慰労引当金

役員の退職慰労金の支給に備えるため，当社の内規に基づく当事業年度末要支給額を計上しております。

### (5) 事業損失引当金

債務超過関係会社の支援に対する損失に備えるため，当該会社の財政状態等を勘案し，損失見込額を計上しております。

---

## 4. 収益及び費用の計上基準

### （1） 顧客との契約から生じる収益

当社は，以下の5ステップを適用することにより収益を認識しております。

ステップ1：顧客との契約を識別する

ステップ2：契約における履行義務を識別する

ステップ3：取引価格を算定する

ステップ4：契約における履行義務に取引価格を配分する

ステップ5：履行義務を充足した時に又は充足するにつれて収益を認識する

当社は，多彩なコンテンツ／サービス事業を展開しているスクウェア・エニックス・グループを統括する純粋持株会社であります。

関係会社への経営管理に係る収入及び商標使用権に係る収入が，当社の主な収益となります。

関係会社への経営管理に係る収入については，顧客へ役務を継続して提供するものであるため，役務を提供する期間にわたり収益を認識しております。商標使用権に係る収入については，売上高ベースで計算される収益のため，基礎となる売上が発生した時点で認識しております。

取引の対価は履行義務を充足してから概ね1ヶ月以内に受領しており，重要な金融要素は含まれておりません。

### （2） 受取配当金

配当による収益は，配当を受ける権利が確定した時点で認識しております。

## 5. その他財務諸表作成のための基本となる重要な事項

### （1） 退職給付に係る会計処理

退職給付に係る未認識数理計算上の差異及び未認識過去勤務費用の未処理額の会計処理の方法は，連結貸借対照表におけるこれらの会計処理の方法と異なっております。

## (2) グループ通算制度の適用 ··································································

　グループ通算制度を適用しております。


（重要な会計上の見積り）

　該当事項はありません。


（会計方針の変更）

　（時価の算定に関する会計基準の適用指針の適用）

　「時価の算定に関する会計基準の適用指針」（企業会計基準適用指針第31号 2021年6月17日。以下「時価算定会計基準適用指針」という。）を当事業年度の期首から適用し，時価算定会計基準適用指針第27-2項に定める経過的な取扱いに従って，時価算定会計基準適用指針が定める新たな会計方針を将来にわたって適用することといたしました。なお，財務諸表に与える影響はありません。


（表示方法の変更）

　前事業年度において，特別損失の「その他」に含めて表示しておりました「投資有価証券評価損」は，金額的重要性が増したため，当事業年度より独立掲記することとしました。この表示方法の変更を反映させるため，前事業年度の財務諸表の組替えを行っております。

　この結果，前事業年度の損益計算書において，特別損失の「その他」に表示していた231百万円は，「投資有価証券評価損」231百万円，及び「その他」0百万円として組み替えております。

# 第2章

## エンタメ・レジャー業界の "今" を知ろう

企業の募集情報は手に入れた。しかし，それだけでは
まだ不十分。企業単位ではなく，業界全体を俯瞰する
視点は，面接などでもよく問われる重要ポイントだ。
この章では直近１年間のレジャー業界を象徴する重大
ニュースをまとめるとともに，今後の展望について言
及している。また，章末にはレジャー業界における有
名企業（一部抜粋）のリストも記載してあるので，今
後の就職活動の参考にしてほしい。

## ▶▶日本を癒やす，おもてなし

# エンタメ・レジャー 業界の動向

> 「レジャー」とは，ゲーム，テーマパーク，劇場，映画館，旅行，ホテル，パチンコ，スポーツ・フィットネスなど，人々の余暇に関する業界である。景気に左右されやすく，時代を色濃く反映するのが特徴である。

## ❖ ゲーム業界の動向

　現在のゲームの形態は，スマートフォンで遊ぶスマホゲーム，専用機で遊ぶ家庭用ゲーム，そしてパソコンで遊ぶPCゲームに大別される。現行の家庭用ゲームハードはソニーグループの「プレイステーション5」，任天堂の「ニンテンドースイッチ」，そしてマイクロソフトの「XboxSeriesX/SeriesS」の3機種があげられる。2022年の国内ゲーム市場は2兆5923億，世界では24兆8237億円にもなる。

### ●ポケモン，ゼルダら人気シリーズがヒット

　かつてのゲーム業界では，販売されたゲームソフトは専用の家庭用ハードで遊ぶことが前提であった。1990年代では初代「プレイステーション」とセガの「セガサターン」で激しいシェア争いが起きたが，「ドラゴンクエスト」「ファイナルファンタジー」といった人気タイトルを独占したプレイステーションがシェアを勝ち取り，後の「プレイステーション2」の時代までソニーの一強体制を作り上げた。

　2023年現在では，ダウンロード版の販売が増えたこともあり，ひとつのタイトルが各種ハードにまたがって発売されることも多くなった。そんな中，任天堂は「マリオ」「ポケモン」「ゼルダ」などの独自タイトルを多く抱えている。2022年11月に発売された「ポケットモンスタースカーレット・バイオレット」，2023年5月発売の「ゼルダの伝説　ティアーズ　オブ　ザ　キングダム」などはニンテンドースイッチ専用タイトルながらも発売3日間で

1000万本を売り上げた。2017年に発売されたニンテンドースイッチ自体の販売台数は低下しているが，年間プレイユーザー数は増加している。

ソニーグループはプレイステーション5が好調。発売当初は品薄から転売問題が話題となったが，2023年には安定した供給が確立されている。2023年11月には旧来からの性能はそのままで，30%以上の軽量化をはかった新型プレイステーション5と，携帯機として「PlayStation Portal リモートプレーヤー」を発売した。

### ●スマホゲームは中国の台頭が目立つ

専用ハードを買い求める必要がある家庭用ゲーム機と異なり，誰もが手にするスマートフォンを使用するモバイルゲームは，その手に取りやすさから普段ゲームをしないカジュアル層への訴求力を強く持つ。

2021年にリリースされたサイゲームス「ウマ娘 プリティダービー」は社会現象ともいえる大ヒットを記録，2022年も894億円を売り上げ，これはモバイルゲーム全体の2位であった。モバイルゲーム売り上げ1位はモバイルゲーム黎明期にリリースされたMIXIの「モンスターストライク」で，933億円を売り上げた。同じく黎明期のタイトルであるガンホーの「パズル＆ドラゴン」も422億円と4位の売り上げで息の長さを感じさせる。

近年，モバイルゲーム業界では中国企業の台頭が目立つ。miHoYoの「原神」やネットイースの「荒野行動」などはランキングトップ10内におり，今後ますます競争が激化していくと思われる。

## ❖ テーマパーク業界の動向

テーマパーク業界は，新型コロナウイルスの影響を多大に受けた。東京ディズニーリゾートは，2020年2月29日から6月末まで丸4カ月以上の臨時休園に踏み切った。ユニバーサル・スタジオ・ジャパンも6月初旬から3カ月以上休業・ほかの遊園地や動物園・水族館も程度の違いはあれど，休園措置を余儀なくされた。

2021年から徐々に営業を再開し，2023年は本格回復を見せたが，依然，入場者数はコロナ前の水準には届いていない。各社は価格改訂をはかり，客単価をあげる方向にシフトしてきている。

## ●大手２社，新アトラクション，新サービスでリピーターを確保

　最大手のオリエンタルランドは，2017年4月から東京ディズニーリゾートの大規模改装，新規サービスの開始に着手した。2018年は東京ディズニーリゾートの35周年にあたる年で，ディズニーランドでは新しいショーやパレードがスタートしているほか，「イッツ・ア・スモールワールド」がリニューアルされた。2019年には，ディズニーシーに新しいアトラクションとして「ソアリン：ファンタスティック・フライト」が誕生した。2020年9月にはディズニーランドで映画「美女と野獣」「ベイマックス」などをテーマにした新施設をオープンした。また，2024年にはディズニーシーで新エリア「ファンタジースプリングス」はオープンする予定。「アナと雪の女王」「塔の上のラプンツェル」「ピーター・パン」の世界観を再現した4つのアトラクションによる3エリアが用意される。

　ユニバーサル・スタジオ・ジャパンも，2018年に「ハリー・ポッター・アンド・ザ・フォービドゥン・ジャーニー完全版」をスタートし，子供向けの『プレイング・ウィズ・おさるのジョージ』，『ミニオン・ハチャメチャ・アイス』の2つのアトラクションを追加。新パレード「ユニバーサル・スペクタクル・ナイトパレード」の開催のほか，「ウォーターワールド」もリニューアルされた。2021年には，任天堂と提携して「スーパーマリオ」をテーマとしたエリアをオープン。投資額は約500億円で「ハリー・ポッター」を超える規模となる。

　また，オリエンタルランド，ユニバーサル・スタジオ・ジャパンともに，新サービスとして有料でアトラクションの待ち時間を短縮することができるチケットを販売。客単価を上げることで収益を上げることに成功している。

## ●ムーミンやアニメ，新規開業も続々

　地方でもテーマパークの新設が続いている。2017年には名古屋に「レゴランド・ジャパン」がオープンしたが，2018年，隣接地に水族館「シーライフ名古屋」とホテルが追加され，レゴランド・ジャパン・リゾートとなった。また，ムーミンのテーマパーク「Metsa（メッツァ）」が埼玉県飯能に開設される。メッツァは，北欧のライフスタイルが体験できる「メッツァビレッジ」とムーミンの物語をテーマにした「ムーミンバレーパーク」の2エリアで構成され，「メッツァビレッジ」は2018年秋，「ムーミンバレーパーク」は2019年春にオープンした。

　2020年には香川県のうたづ臨海公園内に四国エリアで最大級となる水族

館「四国水族館」がオープンした。2022年には，愛知万博会場の愛・地球博記念公園内に人気アニメ「もののけ姫」や「ハウルの動く城」といったジブリの世界観を楽しめるテーマパーク「ジブリパーク」が開業。ジブリパークは5つのエリアで構成されている。「青春の丘」エリアは『耳をすませば』『ハウルの動く城』がモチーフに。「もののけの里」エリアは『もののけ姫』をテーマにしたエリアで，「魔女の谷」エリアは『ハウルの動く城』や『魔女の宅急便』をテーマにした遊戯施設が用意される予定。「どんどこ森」エリアは，現在「サツキとメイの家」が建っている同公園内の場所が該当し，『となりのトトロ』をテーマにしたエリアになっている。また，「ジブリの大倉庫」エリアは映像展示や子どもの遊び場施設になっている。

11月のオープン当初は1日の入場者数が5000人前後に抑えられていることもあり，チケットの入手が非常に困難な状況に。数ヶ月先まで予約で埋まる大盛況となっている。

## ❖ 旅行業界の動向

「21世紀最大の産業は，観光業」という見方もあるほど，旅行業界は世界的な成長産業である。国連世界観光機構（UNWTO）によると，2019年の世界の海外旅行者数は，前年比6%増の14億人となり，9年連続で増加した。UNWTOの長期予測では，2020年に年間14億人に，2030年には18億人に拡大するとされていたが，それよりも2年早く実現したことになる。新型コロナウイルス禍で大打撃を受けた旅行業界だが，コロナ5類移行を受けて，順調に回復してきている。

国内については，観光庁によると，2022年度の国内旅行消費額は18.7兆円まで回復した。2022年6月には政府が訪日客の受け入れを再開。入国者数の上限制度など一部では引き続き水際対策が続くものの，2023年からは正常化が見込まれている。

国内旅行会社が扱う商品は，個人・法人向けとして，国内・海外旅行などのパッケージツアーや，個々の希望に応じて宿や交通機関の手配を行う企画旅行が中心となる。わずかな手数料がおもな収入源のため，店舗を構えて担当者が対応する店舗型では店舗の運用費や人件費の負担が高くなっている。

## ●ネット専門旅行業の急成長に，大手も対抗

　ネット通販の拡大とともに，旅行業界においてもOTA（Online Travel Agent）が台頭している。ホテル予約について世界市場を見ると，米国では，OTA経由とホテル直販がほぼ半数ずつなのに対して，アジアでは約7割がOTA経由になっている。国内でも，2大OTAの「楽天トラベル」とリクルートの「じゃらんネット」をはじめ，エクスペディア，ホテルズ.comなどの外資系も続々と参入している。また近年は「トリバゴ」や「トリップアドバイザー」といった，ネット予約サイトを横断的に検索してホテルや航空券の価格を比較する「メタサーチ」を提供するサイトの存在感が高まっている。2017年7月には，メタサーチ大手「カヤック」が日本への本格進出した。

　こういった動向を受けて，大手各社は組織再編に乗り出している。JTBは，2017年4月に事業再編を発表。地域別・機能別に分散していた15社を本社に統合し，個人・法人・グローバルの3事業を軸に組織化した。一方，KNT-CTホールディングス（近畿日本ツーリストとクラブツーリズムの統合会社）は，JTBと正反対の戦略を示す。同時期に発表されたKNT-CTの構造改革では，これまで団体や個人といった旅行形態に合わせていた事業を，新たに地域ごとに子会社を設け，地域密着で旅行に関連する需要を取り込んでいくという。HISは2016年11月に新体制に移行し，グローバルオンライン事業を既存旅行事業から切り離した。そのねらいは「世界に通用するOTAを視野に入れた，新たなビジネスモデルを構築」だという。

　また，各社とも，所有資源を有効活用しつつ，旅行に限定しない幅広いサービスの開拓も積極的に行っている。JTBは2013年に，企業，地方自治体の海外進出をサポートする事業「LAPTA」を立ち上げ，海外進出の際の市場調査や，商談会・展示会など販路拡大の機会創出，駐在員の生活支援といったサービスの提供を始めた。HISも2015年より市場調査などのサポートを行う「HISビジネス展開支援サービス」を始めていたが，2018年からはこの事業をさらに強化した「Global Business Advance」サービスの提供を始めた。海外展開支援のための企業マネジメントや各種コンサルティング，実務支援，現地進出のサポートやビジネス展開の支援サービスを提供する。まずはトルコを皮切りに，今後は同社の世界70カ国の拠点でサービスを展開するという。

# ❖ スポーツ用品業界動向

　国内スポーツ用品市場は，健康志向によってスポーツへの関心が高まり，微増傾向が続いている。矢野経済研究所によれば，2022年の市場規模は1兆6529億円と見込まれている。

　業界1位のアシックスは，シューズメーカーとしてスタートし，スポーツシューズに強みを持っていたことから，経営資源の大半をランニングシューズに集中させ，業績を好転させている。広告塔となる選手を設けず，世界各地のマラソン大会のスポンサーとなり，市民ランナーへ向けてブランドを訴求。この地道な販促は，ロンドン，ボストン，東京など世界の主要なマラソン大会において，2時間台で完走した上級参加者のシューズは，5割以上がアシックスという結果につながっている。一方，業界2位のミズノは，トッププロ選手やチームとの契約を重視し，野球やゴルフなど特定の競技に依存したことで，好調の波に乗り遅れた。しかし近年は，競技重視のマーケティングを転換し，より裾野が広いカジュアル系ブランドとしての訴求を目指している。

## ●海外に目を向ける各社　アシックスの海外売上高比率は8割

　国内スポーツ大手は，少子高齢化による競技スポーツ市場の縮小を見越して，海外進出にも積極的に取り組んでいる。アシックスは2012年に，子会社のアシックスジャパンを設立して国内事業を移管，本体のアシックスは海外事業を主軸に据えた。「世界5極体制」といったグローバルな体制を敷き，日本以外に，米国，欧州，オセアニア，東アジア地域で幅広く展開したことで，現在では，海外売上高比率が約80％を占めている。業界3位のデザントは，韓国を中心にアジアで売上を伸ばしており，海外売上高比率は53％まで伸びている。2016年には，中国で合弁会社を設立。2018年には，韓国・釜山にシューズの研究開発拠点を新設したほか，米国アトランタに新規子会社を設立して，アスレチックウェアやゴルフウェアの市場競争力を強化する。また，欧米に強い事業基盤を有するワコールと包括的業務提携を締結し，自社の強みのアジアとそれぞれ補完することで，世界展開の加速を図っている。

## ●ライフスタイル需要が伸びるなか，ミズノはアスレジャーに期待

　アスレジャーとは，アスレチックとレジャーを組み合わせた造語で，エクササイズをするような機能性の高いスポーツウェアで構成されたファッションスタイルのこと。これまでもスポーツミックスといわれる，スポーティなアイテムとフォーマルよりのアイテムを組み合わせるファッションはあったが，アスレジャーはよりスポーツ色が強い。

　2014年以降，ナイキがレディス市場を強化したことでレディースファッションとして火がついた。その後，メンズにも広がり，日本でも取り入れる若者が増えてきている。スポーツ関連企業がレディス市場の開拓を強化する動きは珍しいものではなく，2000年以降，継続して見られる動きといえる。米国では2020年にアスレジャー市場は約1000億ドル（約10兆円）になるとの予測もある。この市場で先行しているのは，ナイキやアディダスといった海外メーカーだが，国内のスポーツメーカーも新たな市場として注目している。

　米国ではアスレチックの傾向が強いが，日本ではカジュアル色の強い傾向が見える。もともとフィットネスクラブやヨガスタジオのなかで着るウェアがメインとなっており，機能性だけでなく，素材や色にもこだわった商品が好まれる。ライフスタイル需要の流れに乗り遅れていたミズノは，2016年から新ブランド「ミズノスポーツスタイル」や「M-LINE」，「WAVE LIMB」を投入し，タウンユース向けのアパレルやシューズを展開して挽回を図っている。2017年には，ナノ・ユニバースやマーガレット・ハウエルとのコラボ商品を発売し，話題を呼んだ。また，2018年には，ファミリー向けファッションブランドのコムサイズム（COMME CA ISM）とのコラボ商品も発売している。機能素材を使い，家族で身体を動かす楽しさを提案する商品群となっており，親子やパートナー同士でのリンクコーデが楽しめる。

　アスレジャーでは，機能性をもつウェアが選ばれるため，アパレル大手のユニクロも機能素材とファッション性を武器に，この市場に参入している。アスレジャーはあくまでファッションのトレンドであるため，当然ながら，ファッション性が求められる。機能性をアピールするだけで注目された競技スポーツ向けとは大きく異なる。スポーツメーカーには，いかに消費者に目を向けさせるか，購買意欲を高めるか，販売網も含めた工夫が求められる。

# エンタメ・レジャー業界

直近の業界各社の関連ニュースを
ななめ読みしておこう。

## 沖縄に大型テーマパーク25年開業　USJ再建の森岡氏主導

ユニバーサル・スタジオ・ジャパン（USJ、大阪市）の再建で知られる森岡毅氏率いるマーケティング会社の刀（同市）は27日、沖縄県で自然体験を軸にした大型テーマパークを2025年に開業すると発表した。

名称は「JUNGLIA（ジャングリア）」。世界自然遺産の森林「やんばる」に近い沖縄本島北部の今帰仁（なきじん）村と名護市にまたがるゴルフ場跡地で23年2月から工事を進めている。面積は60ヘクタールほど。50ヘクタール前後の東京ディズニーランド（TDL、千葉県浦安市）や東京ディズニーシー（TDS、同）、USJを上回る。

刀の最高経営責任者（CEO）の森岡氏は東京都内で開いた記者会見で「沖縄は世界一の観光のポテンシャルがある」と述べた。観光客が旅先での体験価値を最大化できるよう「パワーバカンス」をコンセプトに掲げ、「都会では味わえない本物の興奮と本物のぜいたくを組み合わせた」と語った。

アトラクションは気球に乗り込み眼下のジャングルやサンゴ礁の海を見渡せる遊覧や、装甲車に乗り込んで肉食恐竜から逃げるスリルを楽しめるサファリライドといった「人間の本能を貫通する」（森岡氏）体験を提供する。森林に囲まれたスパやレストランなど静かな時間を過ごせる空間も用意する。

空路で4～5時間ほどの圏内に20億人超の市場を抱える地の利を生かし、伸び代が大きいインバウンド（訪日外国人）も呼び寄せる。

（2023年11月27日　日本経済新聞）

## 個人消費、レジャー下支え　コンサートは15%増

レジャー消費が個人消費を下支えしている。2023年の映画の興行収入は歴代

3位のペースで推移し、音楽チケットの販売は新型コロナウイルス禍前の18年度を上回る。国内旅行も堅調だ。新型コロナの感染症法上の分類が「5類」に移行してまもなく半年。相次ぐ値上げで食品の支出が落ち込むなかで、レジャー関連の強さが目立っている。

チケット販売大手のぴあによると、23年4～8月の音楽チケットの販売枚数はコロナ前の18年同期比約15%増となった。「アリーナの開業が相次ぎ、大規模公演が増えていることも好材料となっている」（同社）

映画も好調だ。日本映画製作者連盟によると、23年1～8月の配給大手12社の興収は前年同期比12.8%増の1442億円だった。同期間としては歴代3位の水準だ。「ザ・スーパーマリオブラザーズ・ムービー」といったヒット作に恵まれたこともあり、「コロナ前にほぼ戻った」（同連盟）。

国内旅行は一段と回復している。東海道新幹線の10月の利用者数は11日時点で、18年同期比96%で推移する。土休日に限れば同100%だ。88%だった8月全体よりも高水準だ。西武・プリンスホテルズワールドワイドの10月の室料収入（一部施設）は18年同月比で約1.4倍の見通しだ。

日本生産性本部（東京・千代田）が26日公表した「レジャー白書」によると、レジャー産業の22年の市場規模は前の年に比べ12.7%増の62兆8230億円だった。コロナ禍の20年に55兆2040億円まで落ち込んだが着実に回復し、18年比では9割弱の水準まで回復した。「23年はコロナ前の水準（約70兆円）に近づくだろう」（日本生産性本部）

総務省の家計調査によると、2人以上の世帯の消費支出は実質ベースで8月まで6カ月連続で前年同月を下回った。一方で、ツアーなどのパック旅行支出は同53.7%増（推計）と21カ月連続で増加。物価高で食品への支出が抑えられているのと対照的に、消費者のレジャーへの支出意欲は高い。ゴルフ場運営のリソルホールディングスでは4～9月の客単価が19年同期に比べて2割弱上昇した。

（2023年10月26日　日本経済新聞）

---

## ゲーム開発に生成AI　コスト3分の1で、著作権侵害懸念も

ゲーム業界に生成AI（人工知能）の波が押し寄せている。人材や資金に限りがあるゲーム制作のスタートアップでは、シナリオ構成やキャラクターデザインなどでフル活用し、開発コストを従来の3分の1に抑える企業もある。ただ、生成AIが生み出したコンテンツが著作権を侵害する懸念もあり、ゲーム大手は

導入に慎重だ。

「どの部分で生成AIを使っているんですか」。現在開催中の世界最大級のゲーム見本市「東京ゲームショウ（TGS）2023」の会場で、開発スタッフわずか4人のスタートアップ、AI Frog Interactive（東京・目黒）のブースに並ぶゲームが注目を集めた。

フィールドを歩き回る一見普通のゲームだが、キャラクターのデザイン案に画像生成AIを使い、シナリオ案を出したりキャラクターを動かすコードを書いたりするのには対話型AIを活用した。新清士最高経営責任者（CEO）は「開発コストと期間が3分の1で済むため、同じ予算でより凝ったものを早くつくれる」と話す。

AIはあくまで案を出す役で、最終的には人の手を入れる。回答が不完全なものが多いうえ、実在する作品と酷似するといった著作権侵害のリスクを減らすためだ。新氏は数年後にはゲーム業界で生成AIの利用が当たり前になるとみており、「大手が本腰を入れる前に実用化してリードしておきたい」と話す。

近年、大型ゲームの開発費用は100億円を超えることも多く、完成まで5年ほどかかるケースもある。技術の進歩でビジュアルなども高度になり作業が大幅に増加したからだ。生成AIを使えば、経営資源が乏しいスタートアップも大型ゲームに匹敵する作品を生み出せる可能性がある。

ゲーム向けAIを開発するモリカトロン（東京・新宿）は7月、生成AIで制作したミステリーゲーム「Red Ram」を発表した。ユーザーがゲーム内で入力した設定などをもとに、シナリオ構成やキャラクター、背景画像などを生成AIが創作する。3人のエンジニアで制作にかかった期間は約3カ月。従来に比べて工数を約4割削減できたという。

東京ゲームショウでは生成AIをテーマにした対談も開催された。サイバーエージェント傘下のCygamesは、ゲーム内の不具合を自動で検知する活用事例を披露。将来は生成AIと人がどう役割分担すべきかなどを議論した。

もっとも、生成AIの活用に慎重な企業は大手を中心に多い。対談に登壇したスクウェア・エニックスAI部の三宅陽一郎氏は「外注先などとの摩擦が少ない小規模開発の現場では導入が早いだろう」と指摘。バンダイナムコスタジオの長谷洋平氏は校閲システムなどで生成AIの技術を使っていると明かしたうえで「著作権などのリスクに対して議論があり、それらを無視して活用できない」と語った。

あるゲーム国内大手の幹部は「各社が互いの出方を見ている段階だ」と話す。海外ではゲームに生成AIを組み込んでいることを理由に大手プラットフォーム

での配信を拒否されたとする事例も報告された。生成AIがつくったものが著作権を侵害することを懸念した動きとみられる。

データ・AI法務が専門のSTORIA法律事務所の柿沼太一弁護士は、著作権侵害などのリスクを回避するため「学習したデータと比較して不適切なものが生成されないような技術的な仕組みなどが必要だ」と指摘する。

（2023年9月22日　日本経済新聞）

## 東京ゲームショウ開幕　携帯型ブーム再来、ASUSなど

21日開幕した世界最大級のゲーム見本市「東京ゲームショウ（TGS）2023」では、台湾の華碩電脳（エイスース、ASUS）などが出展した携帯ゲーム機が話題を集めた。人気のオンラインゲームを外出先でも楽しめる。据え置き型を展開するソニーグループの戦略にも影響を及ぼしている。

会場の幕張メッセ（千葉市）では開場前に1300人以上の長蛇の列ができ、英語のほか中国語、韓国語が多く聞こえた。開場後、ゲームが試せるブースの中には一時30分待ちとなる列もあった。

ゲームショウの主役は通常、各社が競って披露するゲームソフトだ。今回は1700点以上が出展された。ただ、今年は最新のゲーム用パソコン（PC）などハード機器を展示するコーナーが初めて登場した。操作の反応が早いなど、ゲーム体験の満足感を左右するような高い性能をうたうゲーム機が並ぶ。米デル・テクノロジーズや米インテルもPCゲーム端末を出展し、中国スタートアップによる携帯ゲーム機も目立った。

国内大手ゲーム会社ではバンダイナムコエンターテインメントやスクウェア・エニックス、セガなどが出展し、話題のゲームにちなんだ展示や試遊を行った。海外からは中国ゲームの網易（ネットイース）のゲーム部門も初出展した。

会場で特に注目を集めたのが、ASUSの携帯ゲーム機「ROG Ally（アールオージーエイライ）」だ。任天堂の「ニンテンドースイッチ」より一回り大きく、7インチ液晶の左右にあるコントローラーを操作して遊ぶ。上位機種の価格は約11万円と値は張るが「6月の発売後、想定の3倍を既に出荷している」（ASUS）という。同ゲーム機は米マイクロソフトのPC向け基本ソフト（OS）「ウィンドウズ11」や高性能半導体を搭載し、デスクトップ型PC並みの性能を誇る。

中国レノボ・グループは今回のゲームショウに出展しなかった初の携帯ゲーム機「レノボ・レギオン・ゴー」を近く発売する。ASUSより大きい8.8インチの液晶

を搭載。ゲーム画面を美しく表示する性能が高い。

ASUS製もレノボ製も外出先で遊べる手軽さとともに、ハードとしての高い性能も売りとし、スマートフォンのゲームでは物足りないと感じるユーザーらも取り込む狙いだ。ASUSの日本法人、ASUSJAPANのデイビッド・チュー統括部長はROG Allyについて「（ゲームの）プラットフォームを超えて遊べる。今後も色々なゲームで検証したい」と話す。

ASUSのゲーム機で遊んだ都内から来た18歳の男性は「画面描写がきれいで驚いた。自宅では『プレイステーション（PS）5』で遊んでいるが、携帯型ゲームに興味がわいた」と話した。

ソニーGも21日、自宅にあるPS5のゲームを外出先からスマホ「Xperia（エクスペリア）」上で遊べる技術を披露した。11月にはPS5をWi-Fiでつなぎ、家の別の部屋などで遊べる新しいリモート端末を発売する。

ソニーGにとって、据え置き型のPS5が主力ゲーム機との位置づけは変わらない。ただ、携帯型のような楽しみ方を加えることでユーザーを逃さないよう手を打つ。

ゲーム機の歴史をたどれば、これまでも携帯型が人気だった時代がある。任天堂はファミコンに続いて1980年代末～2000年代前半まで「ゲームボーイ」で市場を席巻した。現在も持ち運びできる「ニンテンドースイッチ」を販売している。

ソニーGも04年に発売した「プレイステーション・ポータブル（PSP）」など携帯ゲーム機を主力製品と位置づけていたことがあった。いずれもこれらの専用ゲーム機でしか遊べない「看板ソフト」があった。

今回再来した携帯型のブームが従来と異なるのは、1つのソフトを様々なハードで楽しめる「ゲームの汎用化」という大きな流れが背景にあることだ。ASUSやレノボの携帯ゲーム機は、持ち運びできる特徴に加え、1台でPCやスマホ向けのゲームも楽しめる点でスイッチなど専用機とは違う。

2026年の世界ゲーム市場は22年比で約14％増の2490億ドル（約37兆円）に成長する見通し。20～26年の年平均成長率ではモバイル（3.3％）やPC（1.3％）に比べ、専用機は0.6％と小幅にとどまりそうだ。

専用機が頭打ちの中、関心が集まるのがマイクロソフトの動向だ。同社は「Xbox（エックスボックス）」を展開するが、PCやスマホ向けゲームにも注力し、専用機にはこだわらない戦略はソニーGや任天堂のそれとは異なる。

ゲーム業界に詳しい東洋証券の安田秀樹アナリストは「マイクロソフトは成長するPCゲームを取り込もうとしている」と指摘する。遊ぶ場所もハードも選ばないゲームへのニーズは、ゲーム大手も無視できないほど高まりつつある。

（2022年1月18日　日本経済新聞）

# VTuberを株式セミナーに　東洋証券が若年層開拓

東洋証券は株式セミナーにバーチャルユーチューバー（Vチューバー）を活用する取り組みを始めた。Vチューバーとも親和性の高いゲーム業界について担当アナリストとVチューバーが対話しながら業界を解説する。若者から人気のあるVチューバーとタッグを組み、幅広い層の投資家を開拓したい考えだ。

ゲームセクターを担当する東洋証券の安田秀樹シニアアナリストがVチューバーと対話しながら、業界環境やゲーム事業のイロハを解説する。

第1回のオンラインセミナーを4月に開き、ソニーグループや任天堂の事業などを説明した。7月にも2回目を開催し、2社の歴史やゲームメーカーの生き残り施策に焦点をあてて解説する予定だ。

証券会社のセミナーだが、あえて株や投資の話はしない構成とした。あくまで今回はゲーム業界に興味を持ってもらうことに主眼を置いた。60代以上が大半を占める既存客向けに、投資テーマを解説してきた従来型の株式セミナーとの違いを明確にした。

Vチューバーには「日向猫（ひなたね）めんま」を起用した。従来の株式セミナーは平日の昼間に店舗で開催することが多いが、若年層が視聴しやすい平日の午後8時にオンラインで開催した。第1回セミナーは視聴者の約35％を10〜30代が占めるという異例の結果となった。

「証券会社にしては面白いことを企画するなと思った」「2回目も参加したい」。セミナーの参加者からはそんな声が寄せられた。アンケートでは東洋証券の認知度が良くなったと回答した人が8割を超えた。

「証券会社の堅いイメージを払拭しながら、金融リテラシーの底上げを図りたい」。東洋証券の三浦秀明執行役員はセミナーの狙いをこう話す。さらに「投資とは何か」という広いテーマなどでも、同じVチューバーを起用したコラボ動画を今後投入していくという。

政府も「貯蓄から投資へ」というスローガンを掲げ、投資優遇制度である少額投資非課税制度（NISA）の充実を進めている。若年層の証券口座開設も増えつつあるが、その余地はまだ大きい。

Vチューバーはアニメ調の声と2次元や3次元のキャラクターの動きを重ねたもので、若者を中心に人気がある。2016年に人気キャラ「キズナアイ」が動画投稿サイトのユーチューブで登場したのがきっかけで、国内外に広まった。

中国の調査会社のQYリサーチによると、世界のVチューバーの市場規模は28

年に174億ドル（約2兆4800億円）を見込む。21年比で10倍超に拡大する見通しだ。

実際にＶチューバーを活用した企業広報の裾野は広がっている。サントリーは自社初の公式Ｖチューバーを手掛け、製品レビューやゲーム実況などを通じて新たなファン層を獲得している。

証券会社のＶチューバー活用については、こうした若い潜在顧客からどのように収益化へつなげるかという課題がある。三浦執行役員は「最終的には企業の投資家向け広報（IR）担当者と若い投資家の橋渡しができるような場を作っていきたい」と話す。

最近では株や投資をテーマにしたユーチューバーなどから情報を得る人も多く、若年層にとって金融資産形成の情報を収集するハードルが低くなってきている。若者が株式投資に興味を持つきっかけに、Ｖチューバーが一役買う可能性は今後も続きそうだ。　　　　　　　　　　　（2023年7月4日　日本経済新聞）

---

## 自動車内のエンタメ、ゲームに熱視線　NVIDIAやソニー

半導体大手の米エヌビディアは自動車にクラウドゲームを導入すると発表した。手始めに韓国現代自動車グループなど3社での搭載を予定する。ソニー・ホンダ連合も米エピックゲームズとの提携を公表した。クルマの電動化や自動運転技術の開発により、車内で過ごす移動時間の過ごし方が注目を集めている。自動車とエンタメ大手の「相乗り」で車内空間のエンターテインメント化が進みそうだ。

「リラックスして楽しめる車内体験を再創造する」。米ラスベガスで開かれたコンシューマー・エレクトロニクス・ショー（CES）で1月3日（現地時間）、エヌビディアのオートモーティブ事業バイスプレジデントを務めるアリ・カニ氏はこう強調した。

クラウドゲームサービス「ジーフォース・ナウ」を自動車にも導入する。まずは、現代自動車グループのほか、中国比亜迪（BYD）やスウェーデンのボルボ・カーズグループのポールスターと搭載を進める。現代自動車は「ヒュンダイ」「キア」などのブランドに搭載し、ポールスターはEV（電気自動車）での活用を進めるという。翌日にはソニー・ホンダモビリティも車内エンタメで米エピックゲームズとの協業を発表した。水野泰秀会長はエピックを「クルマにおける時間と空間の概念を広げるための重要なパートナー」と持ち上げた。

エピックはゲームや映画を制作するための「アンリアルエンジン」やオンライン
ゲーム「フォートナイト」を持ち、ゲームの配信プラットフォームも運営する。
iPhoneでのゲーム収益を巡っては米アップルと衝突した。クルマのスマホ化
を見据え、車内エンタメの覇権取りに手を打ったとみられる。

車内空間へのゲーム配信では米テスラの動きが速い。2022年7月にイーロン・
マスク氏がツイッター上で告知した通り、12月に「モデルS」と「モデルX」に
米バルブ・コーポレーションのゲーム配信サービス「スチーム」を実装した。
独BMWも10月にスイスのNドリームとの提携を発表し、23年からの提供開
始を予定する。

エヌビディアやスチームは特定のゲーム機に縛られない環境を整えてきた。PC
やモバイルで自由に遊べる仕組みが変革期の自動車産業でも生きている。世界
の新車販売台数は21年で8268万台と、年10億台を超えるスマホの出荷台
数には遠く及ばないが、家庭用ゲーム機は優に上回る規模だ。富士経済は35
年にはEVの新車販売だけで5651万台と予測し、潜在力は大きい。

皮算用通りに進めば、未来の消費者は車内で膨大な時間を持て余す。例えば、
EV。日産リーフが積む容量40kWh（キロワット時）の電池を出力3kWで給
電するとフル充電に約16時間かかる。一定の走行距離の確保だけでも数十分
が必要だ。後部座席の子どもは今も退屈だが、自動運転になれば同乗者すべて
が移動時間を持て余す。

エンタメを含むソフトウエアは自動車のビジネスモデルを変える。販売時点で
完成品の自動車を作る商売から、販売後の自動車に向けた基本ソフト（OS）更
新やエンタメ供給でも稼ぐスマホ型になる。「（ソフトは）顧客に1万ドル以上
の価値をもたらし、自動車メーカー側にも新たなソフト収益をもたらす」（エ
ヌビディアのカニ氏）

ゲーム業界も対応を迫られる。ゲームとの接点が家庭用ゲーム機からモバイル
に移り変わると、ユーザーが好むゲームソフトも変わった。モビリティーでも
車内空間の特徴を生かしたゲームソフトが脚光を集める可能性がある。モバイ
ルで歩きスマホや射幸心をあおる一部の「ガチャ」課金が社会問題になったよ
うに、新たな課題が浮上する懸念もある。

一方、家庭用ゲームには台頭するモバイルやPCに劣勢を強いられた過去があ
る。モビリティーが脚光を浴びる中、業界で存在感が大きいソニー・インタラ
クティブエンタテインメント（SIE）や米マイクロソフトの動向も注目を集める。

（2023年1月14日　日本経済新聞）

# 現職者・退職者が語る エンタメ・レジャー業界の口コミ

※編集部に寄せられた情報を基に作成

## ▶労働環境

---

**職種：法人営業　　年齢・性別：20代前半・女性**

・仕事量が多いのは，この業界はどこも同じような気がします。
・お客様都合のため，残業せざるを得ない環境にあるといえます。
・有休は仕事の兼ね合いで取得が可能ですが，取りにくいです。
・店舗により雰囲気が全く違うので，働く店舗によると思います。

---

**職種：経理　　年齢・性別：50代前半・男性**

・社員は30年戦士がほとんどで，和気あいあいとした環境です。
・逆にいえば若い社員が少ない環境ということです。
・あと10年以内に今のポジションの社員は全員定年になります。
・なんとか綺麗に引き継ぎ出来る環境を整えてほしいと願っています。

---

**職種：カウンターセールス　　年齢・性別：20代前半・女性**

・仕事はハードですが，繁忙期には波があるので，慣れれば平気です。
・私のいる部署は残業を良しとしない風潮ため，定時帰社も可能です。
・部署によっては，遅くまで残業するところもあるようですが。
・お客様都合の仕事のため，特にオンとオフのメリハリが大事です。

---

**職種：販売・接客・ホールサービス　　年齢・性別：20代後半・男性**

・上司との関係もとても良く，結束力もあり社内の雰囲気も良好です。
・社員同士の仲も良く，よく皆でご飯や飲みに行くことも。
・上司は日々アドバイスをくれ，キャリアアップを応援してくれます。
・教育制度がしっかりしているので，とても安心して働けます。

# ▶ 福利厚生

職種：ルートセールス　　年齢・性別：30代前半・男性

・旅行関係の特典があるなど，福利厚生はとても充実しています。
・試験制度（国家試験を含む）の費用は会社が負担してくれます。
・ツアー割引や，関係協力機関の特典を受けられます。
・旅行へ行く際は航空機運賃や宿泊施設が割引になります。

職種：経理　　年齢・性別：50代後半・男性

・家族手当はありますが住宅補助はなく，福利厚生は不十分です。
・儲かっている会社なので住宅補助は少しあっても良い気がします。
・食事の補助も全くなく，会社だけが潤っている感じが否めません。
・一時金だけではない手当を充実させていってほしいと思います。

職種：販売・接客・ホールサービス　　年齢・性別：20代前半・男性

・住宅補助はとても充実していると思います。
・とても安く社員寮に入れ，単身赴任の場合も広い寮が与えられます。
・築年数は古めですが，立地や広さなど考えると十分満足な環境です。
・ジョブチャレンジ制度もあり，積極的に新しい仕事に挑戦できます。

職種：ホテルスタッフ　　年齢・性別：20代前半・女性

・一般的な大企業がもつ福利厚生は一通りは揃っていると思います。
・産休，育休や時短など，利用している女性は多くいます。
・子どもが生まれても，働き続けることは可能です。
・残業代は部署によってはつけにくい雰囲気があるのも事実です。

# ▶ 仕事のやりがい

### 職種：個人営業　　年齢・性別：20代後半・男性

・提案通りにお客様がオーダーしてくださると，やりがいを感じます。
・お客様に対して何をどう提案すれば満足していただけるか考えます。
・日頃から新聞やニュースを見て，アンテナを張ることも重要です。
・努力が結果となって見えやすいので，やる気につながります。

### 職種：法人営業　　年齢・性別：20代前半・女性

・誰かと競うのが好きな方にはやりがいがあり，楽しいと思います。
・社内，他社，営業所で競い合うことができる体育会系の社風です。
・成績が良いと研修旅行へ行けるため，モチベーションが上がります。
・希望すれば海外支店への移動もでき，自分の可能性が広がります。

### 職種：経理　　年齢・性別：20代後半・女性

・男女の区別は全くなく，結果が全てなのでやりがいがあります。
・まじめに仕事に取り組み，結果を出せば公平に評価される環境です。
・社内公募制度があり，成績次第で挑戦したい部署へ異動も可能です。
・私は支店勤務でしたが，営業成績を出し本社への異動を叶えました。

### 職種：販売・接客・ホールサービス　　年齢・性別：20代後半・男性

・若手でも部署によってはかなりの裁量を任されます。
・自由度も高く，自分で仕事を進めたい人には向いていると思います。
・日本だけでなく世界への発信力も大きいため，刺激があります。
・マニュアル，研修が充実しているため，自身の成長を感じられます。

# ▶ ブラック？ホワイト？

職種：旅行サービス関連　　年齢・性別：20代後半・女性

・毎日23時まで残業しているにも関わらず給料は少ないです。
・勤続年数が長くても，あまり給料はアップしないようです。
・ボーナスは出ない年もあり，クレジットのボーナス払いは危険です。
・退職金もこれまたほとんどないに等しいので，期待はできません。

職種：個人営業　　年齢・性別：20代後半・女性

・月に100時間を超える残業をしてもほとんど手当はつきません。
・ノルマ達成は当たり前ですが，それ以上に高い成績を求められます。
・安い商品ばかり販売しても，売上にならず給料に反映されません。
・社歴が長くても給料は上がらず，社内結婚した方はほぼ共働きです。

職種：法人営業　　年齢・性別：30代後半・男性

・昇進試験は適正試験と面接で決まりますが，評価規準が曖昧です。
・支店長の推薦（押し）と営業本部長の気持ちで変わるようです。
・実力があっても認められず，ゴマスリがはびこる歪んだ人事制度。
・どのラインにつくかで支店長や，営業本部に入れるかが決まります。

職種：旅行サービス関連　　年齢・性別：20代後半・女性

・基本給は低く，残業代はみなしで40時間までしか支払われません。
・年に2回の賞与はしっかりありましたが，微々たるものでした。
・仕事上では取った数字で評価されますが，給料は売り上げベース。
・数字的には目標達成でも給料が低い，なんてことはザラです。

# ▶ 女性の働きやすさ

職種：アミューズメント関連職　　年齢・性別：20代後半・男性

・産休も取れ，女性にとってはかなり働きやすい職場だと思います。
・妊娠中はデスクワーク主体の部署に異動することも可能です。
・出産後落ち着いたら，元の職場に戻ることができます。
・周りの方々も配慮してくれるので，気兼ねなく休むこともできます。

職種：アミューズメント関連職　　年齢・性別：20代後半・男性

・産休はもちろん申請できますし，申請しやすい環境です。
・出産後は自分で復帰のタイミングが決められます。
・出産後に復帰して，時短勤務で仕事を続ける女性は多くいます。
・休暇は申請すればほぼ取得できます。

職種：販売・接客・ホールサービス　　年齢・性別：30代後半・女性

・従業員に女性が多いこともあり女性が働きやすい会社だと思います。
・産休なども取得しやすく，職場復帰も問題なくできています。
・これまでに同僚が5名ほど産休を取得し，無事復帰してきました。
・女性のキャリアパスについてもだいぶ整ってきていると思います。

職種：販売・接客・ホールサービス　　年齢・性別：30代後半・男性

・産休や育休などの制度も整っており，女性は働きやすいと思います。
・産前産後，育児休暇などは申請すれば必ず取得できます。
・出産ギリギリまで働いて，産後落ち着いてから復帰する方もいます。
・妊娠が発覚した時点で体に負担のない仕事内容に変更されることも。

# ▶今後の展望

**職種：法人営業　　年齢・性別：30代後半・男性**

・時代遅れの戦略や使いづらいシステム導入など無駄が多いため，今後，東京本社主導で事業の再建が進められると思われます。
・ビジネスモデルが崩壊しているのに今だ営業スタイルを変えません。
・今後業績は向上すると思いますが，給与は下がっていくでしょう。

**職種：経理　　年齢・性別：50代後半・男性**

・年功序列を廃し，成果主義が導入されています。
・成果主義が向かないポジションもあるため評価が難しい場合も。
・現在若い社員の給料が思ったほど上がっていないのも問題です。
・今後，思い切った人事制度改革が迫られると思います。

**職種：経理　　年齢・性別：50代後半・男性**

・有給休暇は取りやすく，女性が働きがいのある部門もあります。
・結婚，出産，育児にはまだ厳しい環境だといえます。
・男女雇用均等法は会社には好都合ですが女性には厳しい制度です。
・労働条件については，きめ細やかに整備されることが期待されます。

**職種：経理　　年齢・性別：50代後半・男性**

・設立当初は健康保険組合もなく，長時間労働も当たり前でしたが，4つの理念を掲げながら，上場後も躍進に躍進を重ねてきました。
・震災時にも自社の理念を実践するスタッフの姿に感慨一入でした。
・教育システムの徹底により，更なる飛躍が可能だと感じています。

# エンタメ・レジャー業界　国内企業リスト（一部抜粋）

| 会社名 | 本社住所 |
|---|---|
| 株式会社西武ホールディングス | 埼玉県所沢市くすのき台一丁目 11 番地の 1 |
| 株式会社第一興商 | 東京都品川区北品川 5-5-26 |
| リゾートトラスト株式会社 | 名古屋市中区東桜 2-18-31 |
| 株式会社アコーディア・ゴルフ | 東京都渋谷区渋谷 2 丁目 15 番 1 号 |
| 株式会社ラウンドワン | 大阪府堺市堺区戎島町四丁 45 番地 1 堺駅前ポルタスセンタービル |
| 株式会社東京ドーム | 東京都文京区後楽 1 丁目 3 番 61 号 |
| PGM ホールディングス株式会社 | 東京都港区高輪一丁目 3 番 13 号 NBF 高輪ビル |
| 株式会社サンリオ | 東京都品川区大崎 1-11-1 ゲートシティ大崎（ウエストタワー 14F） |
| 東急不動産株式会社 | 東京都渋谷区道玄坂 1-21-2 |
| 常磐興産株式会社 | 福島県いわき市常磐藤原町蕨平 50 番地 |
| シダックス株式会社 | 東京都渋谷区神南一丁目 12 番 13 号 |
| 株式会社イオンファンタジー | 千葉県千葉市美浜区中瀬 1 丁目 5 番地 1 |
| 株式会社コシダカ ホールディングス | 群馬県前橋市大友町一丁目 5-1 |
| 株式会社 AOKI ホールディングス | 横浜市都筑区茅ヶ崎中央 24 番 1 号 |
| 株式会社東急レクリエーション | 東京都渋谷区桜丘町 2 番 9 号 カスヤビル 6 階 7 階 |
| 富士急行株式会社 | 山梨県富士吉田市新西原 5 丁目 2 番 1 号 |
| リゾートソリューション株式会社 | 東京都新宿区西新宿 6 丁目 24 番 1 号 西新宿三井ビルディング 12 階 |
| アドアーズ株式会社 | 東京都港区虎ノ門 1 丁目 7 番 12 号 虎ノ門ファーストガーデン 9F |
| 株式会社よみうりランド | 東京都稲城市矢野口 4015 番地 1 |
| 東京都競馬株式会社 | 東京都大田区大森北一丁目 6 番 8 号 |
| 株式会社明治座 | 東京都中央区日本橋浜町 2-31-1 |

| 会社名 | 本社住所 |
|---|---|
| 株式会社ゲオディノス | 北海道札幌市中央区南３条西１丁目８番地 |
| 遠州鉄道株式会社 | 浜松市中区旭町 12-1 |
| 藤田観光株式会社 | 東京都文京区関口 2-10-8 |
| 株式会社極楽湯 | 東京都千代田区麹町二丁目４番地<br>麹町鶴屋八幡ビル６階 |
| 株式会社鉄人化計画 | 東京都目黒区八雲一丁目４番６号 |
| 株式会社ウチヤマ<br>ホールディングス | 北九州市小倉北区熊本２丁目 10 番 10 号<br>内山第 20 ビル 1F |
| 株式会社ランシステム | 東京都豊島区池袋２丁目 43-1　池袋青柳ビル 3F |
| グリーンランドリゾート株式会社 | 熊本県荒尾市下井手 1616 |
| 名古屋競馬株式会社 | 愛知県名古屋市緑区大将ヶ根一丁目 2818 番地 |
| 株式会社御園座 | 名古屋市中区栄一丁目 10 番５号 |
| 株式会社メディアクリエイト | 静岡県沼津市筒井町 4-2 |
| 株式会社 A.C ホールディングス | 東京都港区芝大門一丁目２番１号　大門 KS ビル |
| 株式会社横浜スタジアム | 横浜市中区横浜公園 |
| ソーシャル・エコロジー・<br>プロジェクト株式会社 | 東京都港区南青山 1-11-45 |
| 朝日観光株式会社 | 長野県塩尻市広丘野村 1610-4 |
| 株式会社大阪国際会議場 | 大阪市北区中之島５丁目３番 51 号 |
| 北陸観光開発株式会社 | 石川県加賀市新保町ト１－１ |
| 株式会社歌舞伎座 | 東京都中央区銀座四丁目 12 番 15 号 |
| 株式会社明智ゴルフ倶楽部 | 岐阜県恵那市明智町吉良見 980-2 |
| 株式会社山田クラブ 21 | 東京都渋谷区渋谷２丁目 10 番６号 |
| 株式会社千葉カントリー倶楽部 | 千葉県野田市蕃昌 4 |
| 株式会社宍戸国際ゴルフ倶楽部 | 東京都港区虎ノ門３丁目７番７号 |

| 会社名 | 本社住所 |
| --- | --- |
| 株式会社可児ゴルフ倶楽部 | 可児市久々利向平 221-2 |
| 株式会社房総カントリークラブ | 千葉県長生郡睦沢町妙楽寺字直沢 2300 番地 |
| 株式会社武蔵カントリー倶楽部 | 埼玉県入間市大字小谷田 961 |
| 三和プランニング株式会社 | 東京都中央区日本橋 2-8-6<br>SHIMA 日本橋ビル 7 階 |
| 株式会社花屋敷ゴルフ倶楽部 | 兵庫県三木市吉川町上荒川字松ケ浦 713 － 1 |
| 株式会社大利根カントリー倶楽部 | 茨城県坂東市下出島 10 |
| 株式会社セントクリーク<br>ゴルフクラブ | 愛知県豊田市月原町黒木 1-1 |
| 株式会社中山カントリークラブ | 東京都千代田区神田錦町 3 丁目 13 番地 7 |
| 株式会社日高カントリー倶楽部 | 埼玉県日高市高萩 1203 |
| 株式会社東松山カントリークラブ | 埼玉県東松山市大谷 1111 |
| 株式会社エイチ・アイ・エス | 東京都新宿区西新宿 6-8-1 新宿オークタワー 29 階 |
| 株式会社農協観光 | 東京都千代田区外神田一丁目 16 番 8 号<br>N ツアービル |
| 株式会社ユーラシア旅行社 | 東京都千代田区平河町 2-7-4 砂防会館別館 4F |
| 株式会社一休 | 東京都港区赤坂 3-3-3 住友生命赤坂ビル 8F |
| 株式会社ニッコウトラベル | 東京都中央区京橋 1-1-1 八重洲ダイビル 2 階 |
| 東京テアトル株式会社 | 東京都中央区銀座 1-16-1 |
| 株式会社創通 | 東京都港区浜松町 2-4-1 世界貿易センタービル 26F |
| 株式会社オーエス | 大阪市西成区南津守 6 丁目 5 番 53 号<br>オーエス大阪ビル |
| 中日本興業株式会社 | 名古屋市中村区名駅四丁目 7 番 1 号<br>ミッドランドスクエア 15F |
| 株式会社きんえい | 大阪市阿倍野区阿倍野筋 1 丁目 5 番 1 号 |
| 株式会社東京楽天地 | 東京都墨田区江東橋 4-27-14 |
| スバル興業株式会社 | 東京都千代田区有楽町一丁目 10 番 1 号 |

| 会社名 | 本社住所 |
|---|---|
| 静活株式会社 | 静岡県静岡市葵区七間町 8 番地の 20<br>毎日江崎ビル 5F |
| 武蔵野興業 株式会社 | 東京都新宿区新宿三丁目 27 番 10 号 |
| 株式会社東京臨海<br>ホールディングス | 東京都江東区青海二丁目 5 番 10 号 |
| 株式会社東京国際フォーラム | 東京都千代田区丸の内三丁目 5 番 1 号<br>東京国際フォーラム 11 階 |
| 株式会社クリエイティブマン<br>プロダクション | 渋谷区神宮前 6-19-20 第 15 荒井ビル 8F |
| ソワード株式会社 | 鹿児島市西千石町 14-10-101 |
| 清水興業 株式会社 | 広島県広島市南区的場町二丁目 1 番 15 号<br>清水観光ビル |
| 株式会社ムーヴ | 大阪市中央区淡路町 4-5-4　京音ビル 3 階 |
| 株式会社キョードー東北 | 宮城県仙台市青葉区一番町 4-6-1<br>仙台第一生命タワービルディング 16F |
| 株式会社キョードー東京 | 東京都港区北青山 3-6-18 共同ビル |
| 株式会社キョードー大阪 | 大阪市北区中之島 2-3-18<br>中之島フェスティバルタワー 3F |
| 株式会社キョードー西日本 | 福岡市中央区天神 2-8-41　福岡朝日会館 8F |
| 株式会社キョードー横浜 | 神奈川県横浜市中区本町 4 丁目 40 |
| 株式会社キョードー北陸 | 新潟県新潟市中央区天神 1 丁目 12-8 LEXN B 7 階 |
| 株式会社キョードー東海 | 名古屋市中区錦 3-15-15 CTV 錦ビル 7F |
| 株式会社キョードー札幌 | 札幌市中央区大通西 7 丁目ダイヤビル 10 階 |
| 株式会社 テツ コーポレーション | 名古屋市東区葵一丁目 7-17 |
| 株式会社宮地商会 | 東京都千代田区神田小川町 1-4 |
| 協愛株式会社 | 大阪市北区西天満 3 丁目 8 番 20 号　協愛ビル |
| 株式会社エスエルディー | 東京都渋谷区桜丘町 22-14 NES ビル N 棟 1F |
| 株式会社遊楽 | 埼玉県さいたま市浦和区高砂 2-8-16 |
| サントリーパブリシティサービス<br>株式会社 | 東京都千代田区永田町 2-13-5<br>赤坂エイトワンビル 3F |

| 会社名 | 本社住所 |
| --- | --- |
| 株式会社ビーコム | 神奈川県横浜市中区羽衣町 1 丁目 1 番 1 号 |
| 株式会社タツミコーポレーション | 兵庫県明石市松の内 2 丁目 3-9 親和ビル 5F |
| 株式会社延田エンタープライズ | 大阪市中央区心斎橋筋 2-1-6 |
| 株式会社太陽グループ | 札幌市中央区南 1 条西 4 丁目 4 番地 1 |
| 株式会社キャスブレーン | 神奈川県横浜市鶴見区鶴見中央 3-4-25 |
| 株式会社パラッツォ<br>東京プラザグループ | 東京都新宿区西新宿 6 丁目 8 番 1 号 |
| 株式会社マルハン | 京都市上京区出町今出川上る青龍町 231 |
| 株式会社コンチェルト | 東京都豊島区東池袋 3-1-1　サンシャイン 60　37F |
| 株式会社ウエルネスサプライ | 大阪市西区北堀江 2 丁目 1 番 11 号<br>久我ビル北館 9F |
| 株式会社オーエンス | 東京都中央区築地 4-1-17　銀座大野ビル 9F |
| 株式会社札幌ドーム | 札幌市豊平区羊ケ丘 1 番地 （札幌ドーム内） |
| 株式会社ナゴヤドーム | 名古屋市東区大幸南一丁目 1 番 1 号 |
| 株式会社 大阪シティドーム | 大阪市西区千代崎 3 丁目中 2 番 1 号 |
| 神戸ウイングスタジアム株式会社 | 神戸市兵庫区御崎町 1 丁目 2 番地 2 |
| 株式会社ダイナム | 東京都荒川区西日暮里 2-27-5 |
| 株式会社ガイア | 東京都中央区日本橋横山町 7-18 |
| 長島商事株式会社 | 鹿児島市与次郎一丁目 6 番 14 号 |

# 第**3**章

## 就職活動のはじめかた

入りたい会社は決まった。しかし「就職活動とはそもそも何をしていいのかわからない」「どんな流れで進むかわからない」という声は意外と多い。ここでは就職活動の一般的な流れや内容，対策について解説していく。

# ▶就職活動のスケジュール

| 3月 | 4月 | 6月 |

**就職活動スタート**

> 2025年卒の就活スケジュールは,経団連と政府を中心に議論され,2024年卒の採用選考スケジュールから概ね変更なしとされている。

**エントリー受付・提出**

> 企業の説明会には積極的に参加しよう。独自の企業研究だけでは見えてこなかった新たな情報を得る機会であるとともに,モチベーションアップにもつながる。また,説明会に参加した者だけに配布する資料などもある。

**OB・OG訪問**

**合同企業説明会**　　**個別企業説明会**

**筆記試験・面接試験等始まる（3月〜）**

**内々定（大手企業）**

## 2月末までにやっておきたいこと

就職活動が本格化する前に,以下のことに取り組んでおこう。
　◎自己分析　　◎インターンシップ　　◎筆記試験対策
　◎業界研究・企業研究　　◎学内就職ガイダンス
自分が本当にやりたいことはなにか,自分の能力を最大限に活かせる会社はどこか。自己分析と企業研究を重ね,それを文章などにして明確にしておき,面接時に最大限に活用できるようにしておこう。

※このスケジュール表は一般的なものです。本年（2019年度）の採用スケジュール表ではありませんので，ご注意ください。

**7月**　　　　**8月**　　　　**10月**

中小企業採用本格化

内定者の数が採用予定数に満たない企業，1年を通して採用を継続している企業，夏休み以降に採用活動を実施企業（後期採用）は採用活動を継続して行っている。大企業でも後期採用を行っていることもあるので，企業から内定が出ても，納得がいかなければ継続して就職活動を行うこともある。

中小企業の採用が本格化するのは大手企業より少し遅いこの時期から。HPなどで採用情報をつかむとともに，企業研究も怠らないようにしよう。

内々定とは10月1日以前に通知（電話等）されるもの。内定に関しては現在協定があり，10月1日以降に文書等にて通知される。

内々定（中小企業）　　　内定式（10月〜）

### どんな人物が求められる？

多くの企業は，常識やコミュニケーション能力があり，社会のできごとに高い関心を持っている人物を求めている。これは「会社の一員として将来の企業発展に寄与してくれるか」という視点に基づく，もっとも普遍的な選考基準だ。もちろん，「自社の志望を真剣に考えているか」「自社の製品，サービスにどれだけの関心を向けているか」という熱意の部分も重要な要素になる。

**理論編** 就活ロールプレイ！

## 理論編 STEP 1　就職活動のスタート

内定までの道のりは，大きく分けると以下のようになる。

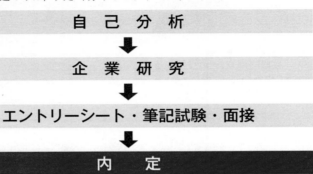

自 己 分 析

↓

企 業 研 究

↓

エントリーシート・筆記試験・面接

↓

内　定

## 01 まず自己分析からスタート

就職活動とは，「企業に自分をPRすること」。自分自身の興味，価値観に加えて，強み・能力という要素が加わって，初めて企業側に「自分が働いたら，こういうポイントで貢献できる」と自分自身を売り込むことができるようになる。

### ■自分の来た道を振り返る

自己分析をするための第一歩は，「振り返ってみる」こと。

小学校，中学校など自分のいた"場"ごとに何をしたか（部活動など），何を学んだか，交友関係はどうだったか，興味のあったこと，覚えている印象的なことを書き出してみよう。

### ■テストを受けてみる

"自分では気がついていない能力"を客観的に検査してもらうことで，自分に向いている職種が見えてくる。下記の5種類が代表的なものだ。

①職業適性検査　　②知能検査　　③性格検査

④職業興味検査　　⑤創造性検査

**■先輩や専門家に相談してみる**

　就職活動をするうえでは，"いかに他人に自分のことをわかってもらうか"が重要なポイント。他者の視点で自分を分析してもらうことで，より客観的な視点で自己PRができるようになる。

## 自己分析の流れ

❏過去の経験を書いてみる

❏現在の自己イメージを明確にする…行動，考え方，好きなものなど。

❏他人から見た自分を明確にする

❏将来の自分を明確にしてみる…どのような生活をおくっていたいか。期待，夢，願望。なりたい自分はどういうものか，掘り下げて考える。→自己分析結果を，志望動機につなげていく。

## 01 企業の絞り込み

　志望企業の絞り込みについての考え方は大きく分けて2つある。

　第1は，同一業種の中で1次候補，2次候補……と絞り込んでいく方法。

　第2は，業種を1次，2次，3次候補と変えながら，それぞれに2社程度ずつ絞り込んでいく方法。

　第1の方法では，志望する同一業種の中で，一流企業，中堅企業，中小企業，縁故などがある歯止めの会社……というふうに絞り込んでいく。

　第2の方法では，自分が最も望んでいる業種，将来好きになれそうな業種，発展性のある業種，安定性のある業種，現在好況な業種……というふうに区別して，それぞれに適当な会社を絞り込んでいく。

## 02 情報の収集場所

・キャリアセンター

・新聞

・インターネット

・企業情報

　『就職四季報』（東洋経済新報社刊），『日経会社情報』（日本経済新聞社刊）などの企業情報。この種の資料は本来“株式市場”についての資料だが，その時期の景気動向を含めた情報を仕入れることができる。

・経済雑誌

　『ダイヤモンド』（ダイヤモンド社刊）や『東洋経済』（東洋経済新報社刊），『エコノミスト』（毎日新聞出版刊）など。

・OB・OG／社会人

### ①成長力

まず"売上高"。次に資本力の問題や利益率などの比率。いくら資本金があっても，それを上回る膨大な借金を抱えていて，いくら稼いでも利払いに追われまくるようでは，成長できないし，安定できない。

成長力を見るには自己資本率を割り出してみる。自己資本を総資本で割って100を掛けると自己資本率がパーセントで出てくる。自己資本の比率が高いほうが成長力もあり安定度も高い。

利益率は純利益を売上高で割って100を掛ける。利益率が高ければ，企業はどんどん成長するし，社員の待遇も上昇する。利益率が低いということは，仕事がどんなに忙しくても利益にはつながらないということになる。

### ②技術力

技術力は，短期的な見方と長期的な展望が必要になってくる。研究部門が適切な規模か，大学など企業外の研究部門との連絡があるか，先端技術の分野で開発を続けているかどうかなど。

### ③経営者と経営形態

会社が将来，どのような発展をするか，または衰退するかは経営者の経営哲学，経営方針によるところが大きい。社長の経歴を知ることも必要。創始者の息子，孫といった親族が社長をしているのか，サラリーマン社長か，官庁などからの天下りかということも大切なチェックポイント。

### ④社風

社風というのは先輩社員から後輩社員に伝えられ，教えられるもの。社風もいろいろな面から必ずチェックしよう。

### ⑤安定性

企業が成長しているか，安定しているかということは車の両輪。どちらか片方の回転が遅くなっても企業はバランスを失う。安定し，しかも成長する。これが企業として最も理想とするところ。

### ⑥待遇

初任給だけを考えてみても，それが手取りなのか，基本給なのか。基本給というのはボーナスから退職金，定期昇給の金額にまで響いてくる。また，待遇というのは給与ばかりではなく，福利厚生施設でも大きな差が出てくる。

## ■そのほかの会社比較の基準

### 1. ゆとり度

休暇制度は，企業によって独自のものを設定しているところもある。「長期休暇制度」といったものなどの制定状況と，また実際に取得できているかどうかも調べたい。

### 2. 独身寮や住宅設備

最近では，社宅は廃止し，住宅手当を多く出すという流れもある。寮や社宅についての福利厚生は調べておく。

### 3. オフィス環境

会社に根づいた慣習や社員に対する考え方が，意外にオフィスの設備やレイアウトに表れている場合がある。

たとえば，個人の専有スペースの広さや区切り方，パソコンなどOA機器の設置状況，上司と部下の机の配置など，会社によってずいぶん違うもの。玄関ロビーや受付の様子を観察するだけでも，会社ごとのカラーや特徴がどこかに見えてくる。

### 4. 勤務地

転勤はイヤ，どうしても特定の地域で生活していきたい。そんな声に応えて，最近は流通業などを中心に，勤務地限定の雇用制度を取り入れる企業も増えている。

---

**column 初任給では分からない本当の給与**

会社の給与水準には「初任給」「平均給与」「平均ボーナス」「モデル給与」など，判断材料となるいくつかのデータがある。これらのデータからその会社の給料の優劣を判断するのは非常に難しい。

たとえば中小企業の中には，初任給が飛び抜けて高い会社がときどきある。しかしその後の昇給率は大きくないのがほとんど。

一方，大手企業の初任給は業種間や企業間の差が小さく，ほとんど横並びと言っていい。そこで，「平均給与」や「平均ボーナス」などで将来の予測をするわけだが，これは一応の目安とはなるが，個人差があるので正確とは言えない。

---

## 04 就職ノートの作成

**■決定版「就職ノート」はこう作る**

　1冊にすべて書き込みたいという人には,ルーズリーフ形式のノートがお勧め。会社研究, スケジュール, 時事用語, OB／OG訪問, 切り抜きなどの項目を作りインデックスをつける。

　カレンダー, 説明会, 試験などのスケジュール表を貼り, とくに会社別の説明会, 面談, 書類提出, 試験の日程がひと目で分かる表なども作っておく。そして見開き2ページで1社を載せ,左ページに企業研究,右ページには志望理由,自己PRなどを整理する。

### 就職ノートの主なチェック項目

❏企業研究…資本金, 業務内容, 従業員数など基礎的な会社概要から, 過去の採用状況, 業務報告などのデータ

❏採用試験メモ…日程, 条件, 提出書類, 採用方法, 試験の傾向など

❏店舗・営業所見学メモ…流通関係, 銀行などの場合は, 客として訪問し, 商品(値段, 使用価値, ユーザーへの配慮), 店員(接客態度, 商品知識, 熱意, 親切度), 店舗(ショーケース, 陳列の工夫, 店内の清潔さ)などの面をチェック

❏OB／OG訪問メモ…OB／OGの名前, 連絡先, 訪問日時, 面談場所, 質疑応答のポイント, 印象など

❏会社訪問メモ…連絡先, 人事担当者名, 会社までの交通機関, 最寄り駅からの地図, 訪問のときに得た情報や印象, 訪問にいたるまでの経過も記入

　「OB／OG訪問」は，実際は採用予備選考開始。まず，OB／OG訪問を希望したら，大学のキャリアセンター，教授などの紹介で，志望企業に勤める先輩の手がかりをつかむ。もちろん直接電話なり手紙で，自分の意向を会社側に伝えてもいい。自分の在籍大学，学部をはっきり言って，「先輩を紹介していただけないでしょうか」と依頼しよう。

**参考** ▶ ## OB／OG訪問時の質問リスト例

**●採用について**

- ・成績と面接の比重
- ・採用までのプロセス（日程）
- ・面接は何回あるか
- ・面接で質問される事項　etc.
- ・評価のポイント
- ・筆記試験の傾向と対策
- ・コネの効力はどうか

**●仕事について**

- ・内容（入社10年, 20年のOB/OG）
- ・希望職種につけるのか
- ・残業，休日出勤，出張など
- ・新入社員の仕事
- ・やりがいはどうか
- ・同業他社と比較してどうか　etc.

**●社風について**

- ・社内のムード
- ・仕事のさせ方　etc.
- ・上司や同僚との関係

**●待遇について**

- ・給与について
- ・昇進のスピード
- ・福利厚生の状態
- ・離職率について　etc.

インターンシップとは，学生向けに企業が用意している「就業体験」プログラム。ここで学生はさまざまな企業の実態をより深く知ることができ，その後の就職活動において自己分析，業界研究，職種選びなどに活かすことができる。また企業側にとっても有能な学生を発掘できるというメリットがあるため，導入する企業は増えている。

インターンシップ参加が採用につながっているケースもあるため，たくさん参加してみよう。

---

**column　コネを利用するのも１つの手段？**

コネを活用できるのは，以下のような場合である。

**・企業と大学に何らかの「連絡」がある場合**

　　企業の新卒採用の場合，特定校・指定校が決められていることもある。企業側が過去の実績などに基づいて決めており，大学の力が大きくものをいう。

　　とくに理工系では，指導教授や研究室と企業との連絡が密接な場合が多く，教授の推薦が有利であることは言うまでもない。同じ大学出身の先輩とのコネも，この部類に区分できる。

**・志望企業と「関係」ある人と関係がある場合**

　　一般的に言えば，志望企業の取り引き先関係からの紹介というのが一番多い。ただし，年間億単位の実績が必要で，しかも部長・役員以上につながっていなければコネがあるとは言えない。

**・志望企業と何らかの「親しい関係」がある場合**

　　志望企業に勤務したりアルバイトをしていたことがあるという場合。インターンシップもここに分類される。職場にも馴染みがあり人間関係もできているので，就職に際してきわめて有利。

**・志望会社に関係する人と「縁故」がある場合**

　　縁故を「血縁関係」とした場合，日本企業ではこのコネはかなり有効なところもある。ただし，血縁者が同じ会社にいるというのは不都合なことも多いので，どの企業も慎重。

## 07 会社説明会のチェックポイント

### 1. 受付の様子

　受付事務がテキパキとしていて，分かりやすいかどうか。社員の態度が親切で誠意が伝わってくるかどうか。

　こういった受付の様子からでも，その会社の社員教育の程度や，新入社員採用に対する熱意とか期待を推し測ることができる。

### 2. 控え室の様子

　控え室が2カ所以上あって，国立大学と私立大学の訪問者とが，別々に案内されているようなことはないか。また，面談の順番を意図的に変えているようなことはないか。これはよくある例で，すでに大半は内定しているということを意味する場合が多い。

### 3. 社内の雰囲気

　社員の話し方，その内容を耳にはさむだけでも，社風が伝わってくる。

### 4. 面談の様子

　何時間も待たせたあげくに，きわめて事務的に，しかも投げやりな質問しかしないような採用担当者である場合，この会社は人事が適正に行われていないということだから，一考したほうがよい。

---

 **▶ 説明会での質問項目**

・質問内容が抽象的でなく，具体性のあるものかどうか。
・質問内容は，現在の社会・経済・政治などの情況を踏まえた，
　大学生らしい高度で専門性のあるものか。
・質問をするのはいいが，「それでは，あなたの意見はどうか」と
　逆に聞かれたとき，自分なりの見解が述べられるものであるか。

---

　提出する書類は6種類。①～③が大学に申請する書類，④～⑥が自分で書く書類だ。大学に申請する書類は一度に何枚も入手しておこう。

- ①「卒業見込証明書」
- ②「成績証明書」
- ③「健康診断書」
- ④「履歴書」
- ⑤「エントリーシート」
- ⑥「会社説明会アンケート」

### ■自分で書く書類は「自己PR」

　第1次面接に進めるか否かは「自分で書く書類」の出来にかかっている。「履歴書」と「エントリーシート」は会社説明会に行く前に準備しておくもの。「会社説明会アンケート」は説明会の際に書き，その場で提出する書類だ。

## 01 履歴書とエントリーシートの違い

　Webエントリーを受け付けている企業に資料請求をすると，資料と一緒に「エントリーシート」が送られてくるので，応募サイトのフォームやメールでエントリーシートを送付する。Webエントリーを行っていない企業には，ハガキやメールで資料請求をする必要があるが，「エントリーシート」は履歴書とは異なり，企業が設定した設問に対して回答するもの。すなわちこれが「1次試験」であり，これにパスをした人だけが会社説明会に呼ばれる。

## ■字はていねいに

字を書くところから，その企業に対する"本気度"は測られている。

## ■誤字，脱字は厳禁

使用するのは，黒のインク。

## ■修正液使用は不可

## ■数字は算用数字

## ■自分の広告を作るつもりで書く

自分はこういう人間であり，何がしたいかということを簡潔に書く。メリットになることだけで良い。自分に損になるようなことを書く必要はない。

## ■「やる気」を示す具体的なエピソードを

「私はやる気があります」「私は根気があります」という抽象的な表現だけではNG。それを示すエピソードのようなものを書かなくては意味がない。

**Point**

自己紹介欄の項目はすべて「自己PR」。自分はこういう人間であることを印象づけ，それがさらに企業への「志望動機」につながっていくような書き方をする。

**column** 履歴書やエントリーシートは，共通でもいい？

「履歴書」や「エントリーシート」は企業によって書き分ける。業種はもちろん，同じ業界の企業であっても求めている人材が違うからだ。各書類は提出前にコピーを取り，さらに出した企業名を忘れずに書いておくことも大切だ。

## 履歴書記入のPoint

| | |
|---|---|
| **写真** | スナップ写真は不可。<br>スーツ着用で,胸から上の物を使用する。ポイントは「清潔感」。<br>氏名・大学名を裏書きしておく。 |
| **日付** | 郵送の場合は投函する日,持参する場合は持参日の日付を記入する。 |
| **生年月日** | 西暦は避ける。元号を省略せずに記入する。 |
| **氏名** | 戸籍上の漢字を使う。印鑑押印欄があれば忘れずに押す。 |
| **住所** | フリガナ欄がカタカナであればカタカナで,平仮名であれば平仮名で記載する。 |
| **学歴** | 最初の行の中央部に「学□□歴」と2文字程度間隔を空けて,中学校卒業から大学(卒業・卒業見込み)まで記入する。<br>中途退学の場合は,理由を簡潔に記載する。留年は記入する必要はない。<br>職歴がなければ,最終学歴の一段下の行の右隅に,「以上」と記載する。 |
| **職歴** | 最終学歴の一段下の行の中央部に「職□□歴」と2文字程度間隔を空け記入する。<br>「株式会社」や「有限会社」など,所属部門を省略しないで記入する。<br>「同上」や「〃」で省略しない。<br>最終職歴の一段下の行の右隅に,「以上」と記載する。 |
| **資格・免許** | 4級以下は記載しない。学習中のものも記載して良い。<br>「普通自動車第一種運転免許」など,省略せずに記載する。 |
| **趣味・特技** | 具体的に(例:読書でもジャンルや好きな作家を)記入する。 |
| **志望理由** | その企業の強みや良い所を見つけ出したうえで,「自分の得意な事」がどう活かせるかなどを考えぬいたものを記入する。 |
| **自己PR** | 応募企業の事業内容や職種にリンクするような,自分の経験やスキルなどを記入する。 |
| **本人希望欄** | 面接の連絡方法,希望職種・勤務地などを記入する。「特になし」や空白はNG。 |
| **家族構成** | 最初に世帯主を書き,次に配偶者,それから家族を祖父母,兄弟姉妹の順に。続柄は,本人から見た間柄。兄嫁は,義姉と書く。 |
| **健康状態** | 「良好」が一般的。 |

## 01 エントリーシートの目的

・応募者を，決められた採用予定者数に絞り込むこと

・面接時の資料にする

の2つ。

### ■知りたいのは職務遂行能力

採用担当者が学生を見る場合は,「こいつは与えられた仕事をこなせるかどう
か」という目で見ている。企業に必要とされているのは仕事をする能力なのだ。

┌─ Point ───────────────────────────────
│ **質問に忠実に，"自分がいかにその会社の求める人材に当てはまるか"を**
│ **丁寧に答えること。**
└────────────────────────────────────

## 02 効果的なエントリーシートの書き方

### ■情報を伝える書き方

課題をよく理解していることを相手に伝えるような気持ちで書く。

### ■文章力

大切なのは全体のバランスが取れているか。書く前に，何をどれくらいの字
数で収めるか計算しておく。

「起承転結」でいえば，「起」は，文章を起こす導入部分。「承」は，起を受け
て，その提起した問題に対して承認を求める部分。「転」は，自説を展開する
部分。もっともオリジナリティが要求される。「結」は，最後の締めの結論部分。
文章の構成・まとめる力で，総合的な能力が高いことをアピールする。

**参考** エントリーシートでよく取り上げられる題材と，その出題意図

　エントリーシートで求められるものは，「自己PR」「志望動機」「将来どうなりたいか（目指すこと）」の3つに大別される。

## 1.「自己PR」

　自己分析にしたがって作成していく。重要なのは，「なぜそうしようと思ったか？」「○○をした結果，何が変わったのか？何を得たのか？」という"連続性"が分かるかどうかがポイント。

## 2.「志望動機」

　自己PRと一貫性を保ち，業界志望理由と企業志望理由を差別化して表現するように心がける。志望する業界の強みと弱み，志望企業の強みと弱みの把握は基本。

## 3.「将来の展望」

　どんな社員を目指すのか，仕事へはどう臨もうと思っているか，目標は何か，などが問われる。仕事内容を事前に把握しておくだけでなく，5年後の自分，10年後の自分など，具体的な将来像を描いておくことが大切。

---

### 表現力，理解力のチェックポイント

❏ 文法，語法が正しいかどうか
❏ 論旨が論理的で一貫しているかどうか
❏ 1センテンスが簡潔かどうか
❏ 表現が統一されているかどうか（「です，ます」調か「だ，である」調か）

## 01 個人面接

### ●自由面接法

面接官と受験者のキャラクターやその場の雰囲気，質問と応答の進行具合などによって雑談形式で自由に進められる。

### ●標準面接法

自由面接法とは逆に，質問内容や評価の基準などがあらかじめ決まっている。実際には自由面接法と併用で，おおまかな質問事項や判定基準，評価ポイントを決めておき，質疑応答の内容上の制限を緩和しておくスタイルが一般的。1次面接などでは標準面接法をとり，2次以降で自由面接法をとる企業も多い。

### ●非指示面接法

受験者に自由に発言してもらい，面接官は話題を引き出したりするときなど，最小限の質問をするという方法。

### ●圧迫面接法

わざと受験者の精神状態を緊張させ，受験者がどのような応答をするかを観察し，判定する。受験者は，冷静に対応することが肝心。

## 02 集団面接

面接の方法は個人面接と大差ないが，面接官がひとつの質問をして，受験者が順にそれに答えるという方法と，面接官が司会役になって，座談会のような形式で進める方法とがある。

座談会のようなスタイルでの面接は，なるべく受験者全員が関心をもっているような話題を取りあげ，意見を述べさせるという方法。この際，司会役以外の面接官は一言も発言せず，判定・評価に専念する。

## 03 グループディスカッション

　グループディスカッション（以下，GD）の時間は30〜60分程度，1グループの人数は5〜10人程度で，司会は面接官が行う場合や，時間を決めて学生が交替で行うことが多い。面接官は内容については特に指示することはなく，受験者がどのようにGDを進めるかを観察する。

　評価のポイントは，全体的には理解力，表現力，指導性，積極性，協調性など，個別的には性格，知識，適性などが観察される。

　GDの特色は，集団の中での個人ということで，受験者の能力がどの程度のものであるか，また，どのようなことに向いているかを判定できること。受験者は，グループの中における自分の位置を面接官に印象づけることが大切だ。

### グループディスカッション方式の面接におけるチェックポイント

- 全体の中で適切な論点を提供できているかどうか。
- 問題解決に役立つ知識を持っているか，また提供できているかどうか。
- もつれた議論を解きほぐし，的はずれの議論を元に引き戻す努力をしているかどうか。
- グループ全体としての目標をいつも考えているかどうか。
- 感情的な対立や攻撃をしかけているようなことはないか。
- 他人の意見に耳を傾け，よい意見には賛意を表し，それを全体に推し広げようという寛大さがあるかどうか。
- 議論の流れを自然にリードするような主導性を持っているかどうか。
- 提出した意見が議論の進行に大きな影響を与えているかどうか。

## 04 面接時の注意点

### ●控え室

　控え室には，指定された時間の15分前には入室しよう。そこで担当の係から，面接に際しての注意点や手順の説明が行われるので，疑問点は積極的に聞くようにし，心おきなく面接にのぞめるようにしておこう。会社によっては，所定のカードに必要事項を書き込ませたり，お互いに自己紹介をさせたりする場合もある。また，この控え室での行動も細かくチェックして，合否の資料にしている会社もある。

●入室・面接開始

　係員がドアの開閉をしてくれる場合もあるが，それ以外は軽くノックして入室し，必ずドアを閉める。そして入口近くで軽く一礼し，面接官か補助員の「どうぞ」という指示で正面の席に進み，ここで再び一礼をする。そして，学校名と氏名を名のって静かに着席する。着席時は，軽く椅子にかけるようにする。

●面接終了と退室

　面接の終了が告げられたら，椅子から立ち上がって一礼し，椅子をもとに戻して，面接官または係員の指示を受けて退室する。

　その際も，ドアの前で面接官のほうを向いて頭を下げ，静かにドアを開閉する。控え室に戻ったら，係員の指示を受けて退社する。

## 05 面接試験の評定基準

●協調性

　企業という「集団」では，他人との協調性が特に重視される。

　感情や態度が円満で調和がとれていること，極端に好悪の情が激しくなく，物事の見方や考え方が穏健で中立であることなど，職場での人間関係を円滑に進めていくことのできる人物かどうかが評価される。

●話し方

　外観印象的には，言語の明瞭さや応答の態度そのものがチェックされる。小さな声で自信のない発言，乱暴野卑な発言は減点になる。

　考えをまとめたら，言葉を選んで話すくらいの余裕をもって，真剣に応答しようとする姿勢が重視される。軽率な応答をしたり，まして発言に矛盾を指摘されるような事態は極力避け，もしそのような状況になりそうなときは，自分の非を認めてはっきりと謝るような態度を示すべき。

●好感度

　実社会においては，外観による第一印象が，人間関係や取引に大きく影響を及ぼす。

　「フレッシュな爽やかさ」に加え，入社志望など，自分の意思や希望をより明確にすることで，強い信念に裏づけられた姿勢をアピールできるよう努力したい。

●判断力

何を質問されているのか，何を答えようとしているのか，常に冷静に判断していく必要がある。

### ●表現力

話に筋道が通り理路整然としているか，言いたいことが簡潔に言えるか，話し方に抑揚があり聞く者に感銘を与えるか，用語が適切でボキャブラリーが豊富かどうか。

### ●積極性

活動意欲があり，研究心旺盛であること，進んで物事に取り組み，創造的に解決しようとする意欲が感じられること，話し方にファイトや情熱が感じられること，など。

### ●計画性

見通しをもって順序よく合理的に仕事をする性格かどうか，またその能力の有無。企業の将来性のなかに，自分の将来をどうかみ合わせていこうとしているか，現在の自分を出発点として，何を考え，どんな仕事をしたいのか。

### ●安定性

情緒の安定は，社会生活に欠くことのできない要素。自分自身をよく知っているか，他の人に流されない信念をもっているか。

### ●誠実性

自分に対して忠実であろうとしているか，物事に対してどれだけ誠実な考え方をしているか。

### ●社会性

企業は集団活動なので，自分の考えに固執したり，不平不満が多い性格は向かない。柔軟で適応性があるかどうか。

**―Point―**

**清潔感や明朗さ，若々しさといった外観面も重視される。**

## 06 面接試験の質問内容

### 1. 志望動機

受験先の概要や事業内容はしっかりと頭の中に入れておく。また，その企業の企業活動の社会的意義と，自分自身の志望動機との関連を明確にしておく。「安定している」「知名度がある」「将来性がある」といった利己的な動機，「自

分の性格に合っている」というような，あいまいな動機では説得力がない。安定性や将来性は，具体的にどのような企業努力によって支えられているのかという考察も必要だし，それに対する受験者自身の評価や共感なども問われる。

　①どうしてその業種なのか

　②どうしてその企業なのか

　③どうしてその職種なのか

　以上の①〜③と，自分の性格や資質，専門などとの関連性を説明できるようにしておく。

　自分がどうしてその会社を選んだのか，どこに大きな魅力を感じたのかを，できるだけ具体的に，情熱をもって語ることが重要。自分の長所と仕事の適性を結びつけてアピールし，仕事のやりがいや仕事に対する興味を述べるのもよい。

**■複数の企業を受験していることは言ってもいい？**

　同じ職種，同じ業種で何社かかけもちしている場合，正直に答えてもかまわない。しかし，「第一志望はどこですか」というような質問に対して，正直に答えるべきかどうかというと，やはりこれは疑問がある。どんな会社でも，他社を第一志望にあげられれば，やはり愉快には思わない。

　また，職種や業種の異なる会社をいくつか受験する場合も同様で，極端に性格の違う会社をあげれば，その矛盾を突かれるのは必至だ。

**2. 仕事に対する意識・職業観**

　採用試験の段階では，次年度の配属予定が具体的に固まっていない会社もかなりある。具体的に職種や部署などを細分化して募集している場合は別だが，そうでない場合は，希望職種をあまり狭く限定しないほうが賢明。どの業界においても，採用後，新入社員には，研修としてその会社の各セクションをひと通り経験させる企業は珍しくない。そのうえで，具体的な配属計画を検討するのだ。

　大切なことは，就職や職業というものを，自分自身の生き方の中にどう位置づけるか，また，自分の生活の中で仕事とはどういう役割を果たすのかを考えてみること。つまり自分の能力を活かしたい，社会に貢献したい，自分の存在価値を社会的に実現してみたい，ある分野で何か自分の力を試してみたい……，などの場合を考え，それを自分自身の人生観，志望職種や業種などとの関係を考えて組み立ててみる。自分の人生観をもとに，それを自分の言葉で表現できるようにすることが大切。

**3. 自己紹介・自己PR**

性格そのものを簡単に変えたり，欠点を克服したりすることは実際には難しいが，"仕方がない"という姿勢を見せることは禁物で，どんなささいなことでも，努力している面をアピールする。また一般的にいって，専門職を除けば，就職時になんらかの資格や技能を要求する企業は少ない。

ただ，資格をもっていれば採用に有利とは限らないが，専門性を要する業種では考慮の対象とされるものもある。たとえば英検，簿記など。

企業が学生に要求しているのは，4年間の勉学を重ねた学生が，どのように仕事に有用であるかということで，学生の知識や学問そのものを聞くのが目的ではない。あくまで，社会人予備軍としての謙虚さと素直さを失わないようにする。

知識や学力よりも，その人の人間性，ビジネスマンとしての可能性を重視するからこそ，面接担当者は，学生生活全般について尋ねることで，書類だけでは分からない人間性を探ろうとする。

何かうち込んだものや思い出に残る経験などは，その人の人間的な成長になんらかの作用を及ぼしているものだ。どんな経験であっても，そこから受けた印象や教訓などは，明確に答えられるようにしておきたい。

**4. 一般常識・時事問題**

一般常識・時事問題については筆記試験の分野に属するが，面接でこうしたテーマがもち出されることも珍しくない。受験者がどれだけ社会問題に関心をもっているか，一般常識をもっているか，また物事の見方・考え方に偏りがないかなどを判定する。知識や教養だけではなく，一問一答の応答を通じて，その人の性格や適応能力まで判断されることになる。

## 07 面接に向けての事前準備

**■面接試験1カ月前までには万全の準備をととのえる**

**●志望会社・職種の研究**

新聞の経済欄や経済雑誌などのほか，会社年鑑，株式情報など書物による研究をしたり，インターネットにあがっている企業情報や，検索によりさまざまな角度から調べる。すでにその会社へ就職している先輩や知人に会って知識を得たり，大学のキャリアセンターへ情報を求めるなどして総合的に判断する。

**■専攻科目の知識・卒論のテーマなどの整理**

大学時代にどれだけ勉強してきたか，専攻科目や卒論のテーマなどを整理しておく。

**■時事問題に対する準備**

毎日欠かさず新聞を読む。志望する企業の話題は，就職ノートに整理するなどもアリ。

| 面接当日の必需品 |
| --- |
| ❏必要書類（履歴書，卒業見込証明書，成績証明書，健康診断書，推薦状） |
| ❏学生証 |
| ❏就職ノート（志望企業ファイル） |
| ❏印鑑，朱肉 |
| ❏筆記用具（万年筆，ボールペン，サインペン，シャープペンなど） |
| ❏手帳，ノート |
| ❏地図（訪問先までの交通機関などをチェックしておく） |
| ❏現金（小銭も用意しておく） |
| ❏腕時計（オーソドックスなデザインのもの） |
| ❏ハンカチ，ティッシュペーパー |
| ❏くし，鏡（女性は化粧品セット） |
| ❏シューズクリーナー |
| ❏ストッキング |
| ❏折りたたみ傘（天気予報をチェックしておく） |
| ❏携帯電話，充電器 |

■**一般常識試験**

> 社会人として企業活動を行ううえで最低限必要となる一般常識のほか，
> 英語，国語，社会(時事問題)，数学などの知識の程度を確認するもの。

　難易度はおおむね中学・高校の教科書レベル。一般常識の問題集を1冊やっておけばよいが，業界によっては専門分野が出題されることもあるため，必ず志望する企業のこれまでの試験内容は調べておく。

■**一般常識試験の対策**

・**英語**　慣れておくためにも，教科書を復習する，英字新聞を読むなど。

・**国語**　漢字，四字熟語，反対語，同音異義語，ことわざをチェック。

・**時事問題**　新聞や雑誌，テレビ，ネットニュースなどアンテナを張っておく。

■**適性検査**

　SPI（Synthetic Personality Inventory）試験（SPI3試験）とも呼ばれ，能力テストと性格テストを合わせたもの。

　能力テストでは国語能力を測る「言語問題」と，数学能力を測る「非言語問題」がある。言語的能力，知覚能力，数的能力のほか，思考・推理能力，記憶力，注意力などの問題で構成されている。

　性格テストは「はい」か「いいえ」で答えていく。仕事上の適性と性格の傾向などが一致しているかどうかをみる。

> **SPIは職務への適応性を客観的にみるためのもの。**

## 01 「論文」と「作文」

　一般に「論文」はあるテーマについて自分の意見を述べ、その論証をする文章で、必ず意見の主張とその論証という2つの部分で構成される。問題提起と論旨の展開、そして結論を書く。

　「作文」は、一般的には感想文に近いテーマ、たとえば「私の興味」「将来の夢」といったものがある。

　就職試験では「論文」と「作文」を合わせた"論作文"とでもいうようなものが出題されることが多い。

　論作文試験とは、「文章による面接」。テーマに書き手がどういう態度を持っているかを知ることが、出題の主な目的だ。受験者の知識・教養・人生観・社会観・職業観、そして将来への希望などが、どのような思考を経て、どう表現されているかによって、企業にとって、必要な人物かどうかを判断している。

　論作文の場合には、書き手の社会的意識や考え方に加え、「感銘を与える」働きが要求される。就職活動とは、企業に対し「自分をアピールすること」だということを常に念頭に置いておきたい。

**Point**

**論文と作文の違い**

|  | 論　文 | 作　文 |
|---|---|---|
| **テーマ** | 学術的・社会的・国際的なテーマ。時事、経済問題など | 個人的・主観的なテーマ。人生観、職業観など |
| **表現** | 自分の意見や主張を明確に述べる。 | 自分の感想を述べる。 |
| **展開** | 四段型（起承転結）の展開が多い。 | 三段型（はじめに・本文・結び）の展開が多い。 |
| **文体** | 「だ調・である調」のスタイルが多い。 | 「です調・ます調」のスタイルが多い。 |

・テーマ

与えられた課題（テーマ）を，受験者はどのように理解しているか。

出題されたテーマの意義をよく考え，それに対する自分の意見や感情が，十分に整理されているかどうか。

・表現力

課題について本人が感じたり，考えたりしたことを，文章で的確に表しているか。

・字・用語・その他

かなづかいや送りがなが合っているか，文中で引用されている格言やことわざの類が使用法を間違えていないか，さらに誤字・脱字に至るまで，文章の基本的な力が受験者の人柄ともからんで厳密に判定される。

・オリジナリティ

魅力がある文章とは，オリジナリティを率直に出すこと。自分の感情や意見を，自分の言葉で表現する。

・生活態度

文章は，書き手の人格や人柄を映し出す。平素の社会的関心や他人との協調性，趣味や読書傾向はどうであるかといった，受験者の日常における生き方，生活態度がみられる。

・字の上手・下手

できるだけ読みやすい字を書く努力をする。また，制限字数より文章が長くなって原稿用紙の上下や左右の空欄に書き足したりすることは避ける。消しゴムで消す場合にも，丁寧に。

いずれの場合でも，表面的な文章力を問うているのではなく，受験者の人柄のほうを重視している。

**実践編** # マナーチェックリスト

就活において企業の人事担当は，面接試験やOG／OB訪問，そして面接試験において，あなたのマナーや言葉遣いといった，「常識力」をチェックしている。現在の自分はどのくらい「常識力」が身についているかをチェックリストで振りかえり，何ができて，何ができていないかを明確にしたうえで，今後の取り組みに生かしていこう。

**評価基準**　5：大変良い　4：やや良い　3：どちらともいえない　2：やや悪い　1：悪い

| | 項　目 | 評　価 | メ　モ |
|---|---|---|---|
| 挨拶 | 明るい笑顔と声で挨拶をしているか | | |
| | 相手を見て挨拶をしているか | | |
| | 相手より先に挨拶をしているか | | |
| | お辞儀を伴った挨拶をしているか | | |
| | 直接の応対者でなくても挨拶をしているか | | |
| 表情 | 笑顔で応対しているか | | |
| | 表情に私的感情がでていないか | | |
| | 話しかけやすい表情をしているか | | |
| | 相手の話は真剣な顔で聞いているか | | |
| 身だしなみ | 前髪は目にかかっていないか | | |
| | 髪型は乱れていないか／長い髪はまとめているか | | |
| | 髭の剃り残しはないか／化粧は健康的か | | |
| | 服は汚れていないか／清潔に手入れされているか | | |
| | 機能的で職業・立場に相応しい服装をしているか | | |
| | 華美なアクセサリーはつけていないか | | |
| | 爪は伸びていないか | | |
| | 靴下の色は適当か／ストッキングの色は自然な肌色か | | |
| | 靴の手入れは行き届いているか | | |
| | ポケットに物を詰めすぎていないか | | |

| | 項　目 | 評　価 | メ　モ |
|---|---|---|---|
| 言葉遣い | 専門用語を使わず，相手にわかる言葉で話しているか | | |
| | 状況や相手に相応しい敬語を正しく使っているか | | |
| | 相手の聞き取りやすい音量・速度で話しているか | | |
| | 語尾まで丁寧に話しているか | | |
| | 気になる言葉癖はないか | | |
| 動作 | 物の授受は両手で丁寧に実施しているか | | |
| | 案内・指し示し動作は適切か | | |
| | キビキビとした動作を心がけているか | | |
| 心構え | 勤務時間・指定時間の５分前には準備が完了しているか | | |
| | 心身ともに健康管理をしているか | | |
| | 仕事とプライベートの切替えができているか | | |

## ☑ 常に自己点検をするクセをつけよう

「人を表情やしぐさ，身だしなみなどの見かけで判断してはいけない」と一般にいわれている。確かに，人の個性は見かけだけではなく，内面においても見いだされるもの。しかし，私たちは人を第一印象である程度決めてしまう傾向がある。それが面接試験など初対面の場合であればなおさらだ。したがって，チェックリストにあるような挨拶，表情，身だしなみ等に注意して面接試験に臨むことはとても重要だ。ただ，これらは面接試験前にちょっと対策したからといって身につくようなものではない。付け焼き刃的な対策をして面接試験に臨んでも，面接官はあっという間に見抜いてしまう。日頃からチェックリストにあるような項目を意識しながら行動することが大事であり，そうすることで，最初はぎこちない挨拶や表情等も，その人の個性に応じたすばらしい所作へ変わっていくことができるのだ。さっそく，本日から実行してみよう。

面接試験において，印象を決定づける表情はとても大事。
どのようにすれば感じのいい表情ができるのか，ポイントを確認していこう。

# 明るく,温和で
# 柔らかな表情をつくろう

## 人間関係の潤滑油

表情に関しては，まずは豊かである
ということがベースになってくる。う
れしい表情，困った表情，驚いた表
情など，さまざまな気持ちを表現で
きるということが，人間関係を潤いの
あるものにしていく。

## Point

　表情はコミュニケーションの大前提。相手に「いつでも話しかけてくださ
いね」という無言の言葉を発しているのが，就活に求められる表情だ。面接
官が安心してコミュニケーションをとろうと思ってくれる表情。それが，明
るく，温和で柔らかな表情となる。

# カンタンTraining

## Training 01

## 喜怒哀楽を表してみよう

・人との出会いを楽しいと思うことが表情の基本
・表情を豊かにする大前提は相手の気持ちに寄り添うこと
・目元・口元だけでなく，眉の動きを意識することが大事

## Training 02

## 表情筋のストレッチをしよう

・表情筋は「ウイスキー」の発音によって鍛える
・意識して毎日，取り組んでみよう
・笑顔の共有によって相手との距離が縮まっていく

コミュニケーションは挨拶から始まり，その挨拶ひとつで印象は変わるもの。
ポイントを確認していこう。

# 丁寧にしっかりと
# はっきり挨拶をしよう

## 人間関係の第一歩

挨拶は心を開いて，相手に近づくコ
ミュニケーションの第一歩。たかが
挨拶，されど挨拶の重要性をわきま
えて，きちんとした挨拶をしよう。形，
つまり"技"も大事だが，心をこめ
ることが最も重要だ。

## Point

　挨拶はコミュニケーションの第一歩。相手が挨拶するのを待っているの
は望ましくない。挨拶の際のポイントは丁寧であることと，はっきり声に出
すことの2つ。丁寧な挨拶は，相手を大事にして迎えている気持ちの表れ
となる。はっきり声に出すことで，これもきちんと相手を迎えていることが
伝わる。また，相手もその応答として挨拶してくれることで，会ってすぐに
双方向のコミュニケーションが成立する。

# いますぐデキる
# カンタンTraining

## Training 01

## ３つのお辞儀をマスターしよう

① 会釈（15度）　　　② 敬礼（30度）　　　③ 最敬礼（45度）

・息を吸うことを意識してお辞儀をするとキレイな姿勢に
・目線は真下ではなく，床前方1.5m先ぐらいを見よう
・相手への敬意を忘れずに

## Training 02

## 対面時は言葉が先，お辞儀が後

・相手に体を向けて先に自ら挨拶をする
・挨拶時，相手とアイコンタクトを
　しっかり取ろう
・挨拶の後に，お辞儀をする。
　これを「語先後礼」という

コミュニケーションは「話す」よりも「聞く」ことといわれる。相手が話しやすい聞き方の，ポイントを確認しよう。

受容の立場で
傾聴しよう

### 相手の話を受けとめる

話を聞くときは，やや前に傾く姿勢をとる。表情と姿勢が合わさることにより，話し手の心が開き「あれも，これも話そう」という気持ちになっていく。また，「はい」と一度のお辞儀で頷くと相手の話を受け止めているというメッセージにつながる。

**Point**

　話をすること，話を聞いてもらうことは誰にとってもプレッシャーを伴うもの。そのため，「何でも話して良いんですよ」「何でも話を聞きますよ」「心配しなくて良いんですよ」という気持ちで聞くことが大切になる。その気持ちが聞く姿勢に表れれば，相手は安心して話してくれる。

いますぐデキる
# カンタンTraining

### Training **01**
## 頷きは一度で

- 相手が話した後に「はい」と
  一言発する
- 頷きすぎは逆効果

### Training **02**
## 目線は自然に

- 鼻の付け根あたりを見ると
  自然な印象に
- 目を見つめすぎるのはNG

### Training **03**
## 話の句読点で視線を移す

- 視線は話している人を見ることが基本
- 複数の人の話を聞くときは句読点を意識し，
  視線を振り分けることで聞く姿勢を表す

# 伝わる話し方

自分の意思を相手に明確に伝えるためには，話し方が重要となる。はっきりと的確に話すためのポイントを確認しよう。

明るい発声を
心がけよう

## ボリュームを意識して

話すときのポイントとしては，ボリュームを意識することが挙げられる。会議室の一番奥にいる人に声が届くように意識することで，声のボリュームはコントロールされていく。

**Point**

コミュニケーションとは「伝達」すること。どのようなことも，適当に伝えるのではなく，伝えるべきことがきちんと相手に届くことが大切になる。そのためには，はっきりと，分かりやすく，丁寧に，心を込めて話すこと。言葉だけでなく，表情やジェスチャーを加えることも有効。

## いますぐデキる
# カンタンTraining

### Training 01
## 腹式呼吸で発声練習

- 「あえいうえおあお」と発声する
- 腹式呼吸は，胸部をなるべく動かさずに，息を吸うときにお腹や腰が膨らむよう意識する呼吸法

### Training 02
## 早口言葉にチャレンジ

おあやや
母親に
お謝り

- 「おあやや，母親に，お謝り」と早口で
- 口がすぼまった「お」と口が開いた「あ」の発音に，変化をつけられるかがポイント

### Training 03
## ジェスチャーを有効活用

- 腰より上でジェスチャーをする
- 体から離した位置に手をもっていく
- ジェスチャーをしたら戻すところをさだめておく

身だしなみはその人自身を表すもの。身だしなみの基本について，ポイントを確認しよう。

# 清潔感,さわやかさを醸し出せるようにしよう

### プロの企業人にふさわしい身だしなみを

信頼感，安心感をもたれる身だしなみを考えよう。TPOに合わせた服装は，すなわち"礼"を表している。そして，身だしなみには，「清潔感」,「品のよさ」,「控え目である」という，3つのポイントがある。

**Point**

相手との心理的な距離や物理的な距離が遠ければ，コミュニケーションは成立しにくくなる。見た目が不潔では誰も近付いてこない。身だしなみが清潔であること,爽やかであることは相手との距離を縮めることにも繋がる。

# いますぐデキる
# カンタンTraining

## Training 01

### 髪型，服装を整えよう

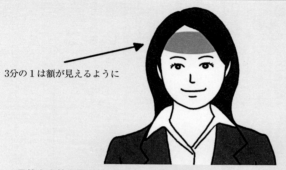

3分の1は額が見えるように

- 男性も女性も眉が見える髪型が望ましい。3分の1は額が見えるように。額は知性と清潔感を伝える場所。男性の髪の長さは耳や襟にかからないように
- スーツで相手の前に立つときは，ボタンはすべて留める。男性の場合は下のボタンは外す

## Training 02

### おしゃれとの違いを明確に

- 爪はできるだけ切りそろえる
- 爪の中の汚れにも注意
- ジェルネイル，ネイルアートはNG

## Training 03

### 足元にも気を配って

- 女性の場合はパンプス，男性の場合は黒の紐靴が望ましい
- 靴はこまめに汚れを落とし見栄えよく

姿勢にはその人の意欲が反映される。前向き，活動的な姿勢を表すにはどうしたらよいか，ポイントを確認しよう。

# 前向き,活動的な
# 姿勢を維持しよう

### 一直線と左右対称

正しい立ち姿として，耳，肩，腰，くるぶしを結んだ線が一直線に並んでいることが最大のポイントになる。そのラインが直線に近づくほど立ち姿がキレイに整っていることになる。また，"左右対称"というのもキレイな姿勢の要素のひとつになる。

## Point

　姿勢は，身体と心の状態を反映するもの。そのため，良い姿勢でいることは，印象が清々しいだけでなく，健康で元気そうに見え，話しかけやすさにも繋がる。歩く姿勢，立つ姿勢，座る姿勢など，どの場面にも心身の健康状態が表れるもの。日頃から心身の健康状態に気を配り，フィジカルとメンタル両面の自己管理を心がけよう。

# いますぐデキる
# カンタンTraining

## Training 01

### キレイな歩き方を心がけよう

- 女性は1本の線上を，男性はそれよりも太い線上を沿うように歩く
- 一歩踏み出したときに前の足に体重を乗せるように，腰から動く
- 12時の方向につま先をもっていく

## Training 02

### 前向きな気持ちを持とう

- 常に前向きな気持ちが姿勢を正す
- ポジティブ思考を心がけよう

言葉遣いの正しさはとは，場面にあった言葉を遣うということ。相手を気づか
いながら，言葉を選ぶことで，より正しい言葉に近づいていく。

# 相手と場面に合わせた
# ふさわしい言葉遣いを

次の文は接客の場面でよくある間違えやすい敬語です。
それぞれの言い方は○×どちらでしょうか。

問1 「資料をご拝読いただきありがとうございます」

問2 「こちらのパンフレットはもういただかれましたか？」

問3 「恐れ入りますが，こちらの用紙にご記入してください」

問4 「申し訳ございませんが，来週，休ませていただきます」

問5 「先ほどの件，帰りましたら上司にご報告いたしますので」

## Point

　ビジネスのシーンに敬語は欠くことができない。何度もやり取りをしてい
く中で，親しさの度合いによっては，あえてくだけた表現を用いることもあ
るが，「親しき仲にも礼儀あり」と言われるように，敬意や心づかいをおろ
そかにしてはいけないもの。相手に誤解されたり，相手の気分を壊すこと
のないように，相手や場面にふさわしい言葉遣いが大切になる。

## 解答と解説

## 問1 （×）　○正しい言い換え例

　→「ご覧いただきありがとうございます」など

　「拝読」は自分が「読む」意味の謙譲語なので，相手の行為に使うのは誤り。読むと見るは同義なため，多く，見るの尊敬語「ご覧になる」が用いられる。

## 問2 （×）　○正しい言い換え例

　→「お持ちですか」「お渡ししましたでしょうか」　など

　「いただく」は，食べる・飲む・もらうの謙譲語。「もらったかどうか」と聞きたいのだから，「おもらいになりましたか」と言えないこともないが，持っているかどうか，受け取ったかどうかという意味で「お持ちですか」などが使われることが多い。また，自分側が渡すような場合は，「お渡しする」を使って「お渡ししましたでしょうか」などの言い方に換えることもできる。

## 問3 （×）　○正しい言い換え例

　→「恐れ入りますが，こちらの用紙にご記入ください」など

　「ご記入する」の「お（ご）～する」は謙譲語の形。相手の行為を謙譲語で表すことになるため誤り。「して」を取り除いて「ご記入ください」か，和語に言い換えて「お書きください」とする。ほかにも「お書き／ご記入・いただけますでしょうか・願います」などの表現もある。

## 問4 （△）

　有給休暇を取る場合や，弔事等で休むような場面で，用いられることも多い。「休ませていただく」ということで一見丁寧に響くが，「来週休むと自分で休みを決めている」という勝手な表現にも受け取られかねない言葉だ。ここは同じ「させていただく」を用いても，相手の都合をうかがう言い方に換えて「○○がございまして，申し訳ございませんが，休みをいただいてもよろしいでしょうか」などの言い換えが好ましい。

## 問5 （×）○正しい言い換え例

　→「上司に報告いたします」

　「ご報告いたします」は，ソトの人との会話で使うとするならば誤り。「ご報告いたします」の「お・ご～いたす」は，「お・ご～する」と「～いたす」という2つの敬語を含む言葉。そのうちの「お・ご～する」は，主語である自分を低めて相手＝上司を高める働きをもつ表現（謙譲語Ⅰ）。一方「～いたす」は，主語の私を低めて，話の聞き手に対して丁重に述べる働きをもつ表現（謙譲語Ⅱ　丁重語）。「お・ご～する」も「～いたす」も同じ謙譲語であるため紛らわしいが，主語を低める（謙譲）という働きは同じでも，行為の相手を高める働きがあるかないかという点に違いがあるといえる。

敬語は正しく使用することで，相手の印象を大きく変えることができる。尊敬語，謙譲語の区別をはっきりつけて，誤った用法で話すことのないように気をつけよう。

# 言葉の使い方が
# マナーを表す!

■よく使われる尊敬語の形　「言う・話す・説明する」の例

| 専用の尊敬語型 | おっしゃる |
|---|---|
| ～れる・～られる型 | 言われる・話される・説明される |
| お（ご）～になる型 | お話しになる・ご説明になる |
| お（ご）～なさる型 | お話しなさる・ご説明なさる |

■よく使われる謙譲語の形　「言う・話す・説明する」の例

| 専用の謙譲語型 | 申す・申し上げる |
|---|---|
| お（ご）～する型 | お話しする・ご説明する |
| お（ご）～いたす型 | お話しいたします・ご説明いたします |

Point

　　同じ尊敬語・謙譲語でも，よく使われる代表的な形がある。ここではその一例をあげてみた。敬語の使い方に迷ったときなどは，まずはこの形を思い出すことで，大抵の語はこの型にはめ込むことができる。同じ言葉を用いたほうがよりわかりやすいといえるので，同義に使われる「言う・話す・説明する」を例に考えてみよう。

　　ほかにも「お話しくださる」や「お話しいただく」「お元気でいらっしゃる」などの形もあるが，まずは表の中の形を見直そう。

■よく使う動詞の尊敬語・謙譲語

なお，尊敬語の中の「言われる」などの「れる・られる」を付けた形は省力している。

| 基本 | 尊敬語（相手側） | 謙譲語（自分側） |
|---|---|---|
| 会う | お会いになる | お目にかかる・お会いする |
| 言う | おっしゃる | 申し上げる・申す |
| 行く・来る | いらっしゃる<br>おいでになる<br>お見えになる<br>お越しになる<br>お出かけになる | 伺う・参る<br>お伺いする・参上する |
| いる | いらっしゃる・おいでになる | おる |
| 思う | お思いになる | 存じる |
| 借りる | お借りになる | 拝借する・お借りする |
| 聞く | お聞きになる | 拝聴する<br>拝聞する<br>お伺いする・伺う<br>お聞きする |
| 知る | ご存じ（知っているという意で） | 存じ上げる・存じる |
| する | なさる | いたす |
| 食べる・飲む | 召し上がる・お召し上がりになる<br>お飲みになる | いただく・頂戴する |
| 見る | ご覧になる | 拝見する |
| 読む | お読みになる | 拝読する |

「お伺いする」「お召し上がりになる」などは，「伺う」「召し上がる」自体が敬語なので
「二重敬語」ですが，慣習として定着しており間違いではないもの。

　上記の「敬語表」は，よく使うと思われる動詞をそれぞれ尊敬語・謙譲語で表したもの。このように大体の言葉は型にあてはめることができる。言葉の中には「お（ご）」が付かないものもあるが，その場合でも「〜なさる」を使って，「スピーチなさる」や「運営なさる」などと言うことができる。また，表では，「言う」の尊敬語「言われる」の例は省いているが，れる・られる型の「言われる」よりも「おっしゃる」「お話しになる」「お話しなさる」などの言い方のほうが，より敬意も高く，言葉としても何となく響きが落ち着くといった印象を受けるものとなる。

会話は相手があってのこと。いかなる場合でも，相手に対する心くばりを忘れないことが，会話をスムーズに進めるためのコツになる。

# 心くばりを添えるひと言で
# 言葉の印象が変わる!

相手に何かを頼んだり，また相手の依頼を断ったり，相手の抗議に対して反論したりする場面では，いきなり自分の意見や用件を切り出すのではなく，場面に合わせて心くばりを伝えるひと言を添えてから本題に移ると，響きがやわらかくなり，こちらの意向も伝えやすくなる。俗にこれは「クッション言葉」と呼ばれている。（右表参照）

*Point*

ビジネスの場面で，相手と話したり手紙やメールを送る際には，何か依頼事があってという場合が多いもの。その場合に「ちょっとお願いなんですが…」では，ふだんの会話と変わりがないものになってしまう。そこを「突然のお願いで恐れ入りますが」「急にご無理を申しまして」「こちらの勝手で恐縮に存じますが」「折り入ってお願いしたいことがございまして」などの一言を添えることで，直接的なきつい感じが和らぐだけでなく，「申し訳ないのだけれど，もしもそうしていただくことができればありがたい」という，相手への配慮や願いの気持ちがより強まる。このような前置きの言葉もうまく用いて，言葉に心くばりを添えよう。

| | |
|---|---|
| 相手の意向を尋ねる場合 | 「よろしければ」「お差し支えなければ」<br>「ご都合がよろしければ」「もしお時間がありましたら」<br>「もしお嫌いでなければ」「ご興味がおありでしたら」 |
| 相手に面倒を<br>かけてしまうような場合 | 「お手数をおかけしますが」<br>「ご面倒をおかけしますが」<br>「お手を煩わせまして恐縮ですが」<br>「お忙しい時に申し訳ございませんが」<br>「お時間を割いていただき申し訳ありませんが」<br>「貴重なお時間を頂戴し恐縮ですが」 |
| 自分の都合を<br>述べるような場合 | 「こちらの勝手で恐縮ですが」<br>「こちらの都合（ばかり）で申し訳ないのですが」<br>「私どもの都合ばかりを申しまして，まことに申し訳な<br>く存じますが」<br>「ご無理を申し上げまして恐縮ですが」 |
| 急な話をもちかけた場合 | 「突然のお願いで恐れ入りますが」<br>「急にご無理を申しまして」<br>「もっと早くにご相談申し上げるべきところでございま<br>したが」<br>「差し迫ってのことでまことに申し訳ございませんが」 |
| 何度もお願いする場合 | 「たびたびお手数をおかけしまして恐縮に存じますが」<br>「重ね重ね恐縮に存じますが」<br>「何度もお手を煩わせまして申し訳ございませんが」<br>「ご面倒をおかけしてばかりで，まことに申し訳ござい<br>ませんが」 |
| 難しいお願いをする場合 | 「ご無理を承知でお願いしたいのですが」<br>「たいへん申し上げにくいのですが」<br>「折り入ってお願いしたいことがございまして」 |
| あまり親しくない相手に<br>お願いする場合 | 「ぶしつけなお願いで恐縮ですが」<br>「ぶしつけながら」<br>「まことに厚かましいお願いでございますが」 |
| 相手の提案・誘いを断る場合 | 「申し訳ございませんが」<br>「（まことに）残念ながら」<br>「せっかくのご依頼ではございますが」<br>「たいへん恐縮ですが」<br>「身に余るお言葉ですが」<br>「まことに失礼とは存じますが」<br>「たいへん心苦しいのですが」<br>「お引き受けしたいのはやまやまですが」 |
| 問い合わせの場合 | 「つかぬことをうかがいますが」<br>「突然のお尋ねで恐縮ですが」 |

ここでは文章の書き方における，一般的な敬称について言及している。はがき，手紙，メール等，通信手段はさまざま。それぞれの特性をふまえて有効活用しよう。

# 相手の気持ちになって
# 見やすく美しく書こう

■敬称のいろいろ

| 敬称 | 使う場面 | 例 |
|---|---|---|
| 様 | 職名・役職のない個人 | （例）飯田知子様／ご担当者様／経理部長　佐藤一夫様 |
| 殿 | 職名・組織名・役職のある個人（公用文など） | （例）人事部長殿／教育委員会殿／田中四郎殿 |
| 先生 | 職名・役職のない個人 | （例）松井裕子先生 |
| 御中 | 企業・団体・官公庁などの組織 | （例）○○株式会社御中 |
| 各位 | 複数あてに同一文書を出すとき | （例）お客様各位／会員各位 |

## Point

　封筒・はがきの表書き・裏書きは縦書きが基本だが，洋封筒で親しい人にあてる場合は，横書きでも問題ない。いずれにせよ，定まった位置に，丁寧な文字でバランス良く，正確に記すことが大切。特に相手の住所や名前を乱雑な文字で書くのは，配達の際の間違いを引き起こすだけでなく，受け取る側に不快な思いをさせる。相手の気持ちになって，見やすく美しく書くよう心がけよう。

## ■各通信手段の長所と短所

| | 長所 | 短所 | 用途 |
|---|---|---|---|
| 封書 | ・封を開けなければ本人以外の目に触れることがない。<br>・丁寧な印象を受ける。 | ・多量の資料・画像送付には不向き。<br>・相手に届くまで時間がかかる。 | ・儀礼的な文書(礼状・わび状など)<br>・目上の人あての文書<br>・重要な書類<br>・他人に内容を読まれたくない文書 |
| はがき・カード | ・封書よりも気軽にやり取りできる。<br>・年賀状や季節の便り,旅先からの連絡など絵はがきとしても楽しむことができる。 | ・封に入っていないため,第三者の目に触れることがある。<br>・中身が見えるので,改まった礼状やわび状,こみ入った内容には不向き。<br>・相手に届くまで時間がかかる。 | ・通知状　　　・案内状<br>・送り状　　　・旅先からの便り<br>・各種お祝い　・お礼<br>・季節の挨拶 |
| FAX | ・手書きの図やイラストを文章といっしょに送れる。<br>・すぐに届く。<br>・控えが手元に残る。 | ・多量の資料の送付には不向き。<br>・事務的な用途で使われることが多く,改まった内容の文書,初対面の人へは不向き。 | ・地図,イラストの入った文書<br>・印刷物(本・雑誌など) |
| 電話 | ・急ぎの連絡に便利。<br>・相手の反応をすぐに確認できる。<br>・直接声が聞けるので,安心感がある。 | ・連絡できる時間帯が制限される。<br>・長々としたこみ入った内容は伝えづらい。 | ・緊急の用件<br>・確実に用件を伝えたいとき |
| メール | ・瞬時に届く。　　・控えが残る。<br>・コストが安い。<br>・大容量の資料や画像をデータで送ることができる。<br>・一度に大勢の人に送ることができる。<br>・相手の居場所や状況を気にせず送れる。 | ・事務的な印象を与えるので,改まった礼状やわび状には不向き。<br>・パソコンや携帯電話を持っていない人には送れない。<br>・ウィルスなどへの対応が必要。 | ・データで送りたいとき<br>・ビジネス上の連絡 |

*Point*

　はがきは手軽で便利だが,おわびやお願い,格式を重んじる手紙には不向きとなる。この種の手紙は内容もこみ入ったものとなり,加えて丁寧な文章で書かなければならないので,数行で済むことはまず考えられない。また,封筒に入っていないため,他人の目に触れるという難点もある。このように,はがきにも長所と短所があるため,使う場面や相手によって,他の通信手段と使い分けることが必要となる。

　はがき以外にも,封書・電話・FAX・メールなど,現代ではさまざまな通信手段がある。上に示したように,それぞれ長所と短所があるので,特徴を知って用途によって上手に使い分けよう。

社会人のマナーとして，電話応対のスキルは必要不可欠。まずは失礼なく電話に出ることからはじめよう。積極性が重要だ。

# 相手の顔が見えない分
# 対応には細心の注意を

■電話をかける場合

### ① ○○先生に電話をする

× 「私，□□社の××と言いますが，○○様はおられますでしょうか？」

○ **「××と申しますが，○○様はいらっしゃいますか？」**

「おられますか」は「おる」を謙譲語として使うため，通常は相手がいるかどうかに関しては，「いらっしゃる」を使うのが一般的。

### ② 相手の状況を確かめる

× 「こんにちは，××です，先日のですね…」

○ **「××です，先日は有り難うございました，今お時間よろしいでしょうか？」**

相手が忙しくないかどうか，状況を聞いてから話を始めるのがマナー。また，やむを得ず夜間や早朝，休日などに電話をかける際は，「夜分（朝早く）に申し訳ございません」「お休みのところ恐れ入ります」などのお詫びの言葉もひと言添えて話す。

### ③ 相手が不在，何時ごろ戻るかを聞く場合

× 「戻りは何時ごろですか？」

○ **「何時ごろお戻りになりますでしょうか？」**

「戻り」はそのままの言い方，相手にはきちんと尊敬語を使う。

### ④ また自分からかけることを伝える

× 「そうですか，ではまたかけますので」

○ **「それではまた後ほど（改めて）お電話させていただきます」**

戻る時間がわかる場合は，「またお戻りになりましたころにでも」「また午後にでも」などの表現もできる。

■電話を受ける場合

## ① 電話を取ったら

× 「はい，もしもし，○○（社名）ですが」

○ **「はい，○○（社名）でございます」**

## ② 相手の名前を聞いて

× 「どうも，どうも」

○ **「いつもお世話になっております」**

あいさつ言葉として定着している決まり文句ではあるが，日頃のお付き合いがあってこそ。あいさつ言葉もきちんと述べよう。「お世話様」という言葉も時折耳にするが，敬意が軽い言い方となる。適切な言葉を使い分けよう。

## ③ 相手が名乗らない

× 「どなたですか？」「どちらさまですか？」

○ **「失礼ですが，お名前をうかがってもよろしいでしょうか？」**

名乗るのが基本だが，尋ねる態度も失礼にならないように適切な応対を心がけよう。

## ④ 電話番号や住所を教えてほしいと言われた場合

× 「はい，いいでしょうか？」 × 「メモのご用意は？」

○ **「はい，申し上げます，よろしいでしょうか？」**

「メモのご用意は？」は，一見親切なようにも聞こえるが，尋ねる相手も用意していることがほとんど。押し付けがましくならない程度に。

## ⑤ 上司への取次を頼まれた場合

× 「はい，今代わります」 × 「○○部長ですね，お待ちください」

○ **「部長の○○でございますね，ただいま代わりますので，少々お待ちくださいませ」**

○○部長という表現は，相手側の言い方となる。自分側を述べる場合は，「部長の○○」「○○」が適切。

---

**Point**

自分から電話をかける場合は，まずは自分の会社名や氏名を名乗るのがマナー。たとえ目的の相手が直接出た場合でも，電話では相手の様子が見えないことがほとんど。自分の勝手な判断で話し始めるのではなく，相手の都合を伺い，そのうえで話を始めるのが社会人として必要な気配りとなる。

デキるオトナをアピール

# 時候の挨拶

| 月 | 漢語調の表現<br>候，みぎりなどを付けて用いられます | 口語調の表現 |
|---|---|---|
| 1月<br>（睦月） | 初春・新春　頌春・小寒・大寒・厳寒 | 皆様におかれましては，よき初春をお迎えのことと存じます／厳しい寒さが続いております／珍しく暖かな寒の入りとなりました／大寒という言葉通りの厳しい寒さでございます |
| 2月<br>（如月） | 春寒・余寒・残寒・立春・梅花・向春 | 立春とは名ばかりの寒さ厳しい毎日でございます／梅の花もちらほらとふくらみ始め，春の訪れを感じる今日この頃です／春の訪れが待ち遠しいこのごろでございます |
| 3月<br>（弥生） | 早春・浅春・春寒・春分・春暖 | 寒さもようやくゆるみ，日ましに春めいてまいりました／ひと雨ごとに春めいてまいりました／日増しに暖かさが加わってまいりました |
| 4月<br>（卯月） | 春暖・陽春・桜花・桜花爛漫 | 桜花爛漫の季節を迎えました／春光うららかな好季節となりました／花冷えとでも申しましょうか，何だか肌寒い日が続いております |
| 5月<br>（皐月） | 新緑・薫風・惜春・晩春・立夏・若葉 | 風薫るさわやかな季節を迎えました／木々の緑が目にまぶしいようでございます／目に青葉，山ほととぎす，初鰹の句も思い出される季節となりました |
| 6月<br>（水無月） | 梅雨・向暑・初夏・薄暑・麦秋 | 初夏の風もさわやかな毎日でございます／梅雨前線が近づいてまいりました／梅雨の晴れ間にのぞく青空は，まさに夏を思わせるようです |
| 7月<br>（文月） | 盛夏・大暑・炎暑・酷暑・猛暑 | 梅雨が明けたとたん，うだるような暑さが続いております／長い梅雨も明け，いよいよ本格的な夏がやってまいりました／風鈴の音がわずかに涼を運んでくれているようです |
| 8月<br>（葉月） | 残暑・晩夏・処暑・秋暑 | 立秋とはほんとうに名ばかりの厳しい暑さの毎日です／残暑たえがたい毎日でございます／朝夕はいくらかしのぎやすくなってまいりました |
| 9月<br>（長月） | 初秋・新秋・爽秋・新涼・清涼 | 九月に入りましてもなお，日差しの強い毎日です／暑さもやっとおとろえはじめたようでございます／残暑も去り，ずいぶんとしのぎやすくなってまいりました |
| 10月<br>（神無月） | 清秋・錦秋・秋涼・秋冷・寒露 | 秋風もさわやかな過ごしやすい季節となりました／街路樹の葉も日ごとに色を増しております／紅葉の便りの開かれるころとなりました／秋深く，日増しに冷気も加わってまいりました |
| 11月<br>（霜月） | 晩秋・暮秋・霜降・初霜・向寒 | 立冬を迎え，まさに冬到来を感じる寒さです／木枯らしの季節になりました／日ごとに冷気が増すようでございます／朝夕はひときわ冷え込むようになりました |
| 12月<br>（師走） | 寒冷・初冬・師走・歳晩 | 師走を迎え，何かと慌ただしい日々をお過ごしのことと存じます／年の瀬も押しつまり，何かとお忙しくお過ごしのことと存じます／今年も残すところわずかとなりました，お忙しい毎日とお察しいたします |

# シチュエーション別会話例

## シチュエーション1　　取引先との会話

### 「非常に素晴らしいお話で感心しました」→NG！

　「感心する」は相手の立派な行為や，優れた技量などに心を動かされるという意味。意味としては間違いではないが，目上の人に用いると，偉そうに聞こえかねない表現。「感動しました」などに言い換えるほうが好ましい。

## シチュエーション2　　子どもとの会話

### 「お母さんは，明日はいますか？」→NG！

　たとえ子どもとの会話でも，子どもの年齢によっては，ある程度の敬語を使うほうが好ましい。「明日はいらっしゃいますか」では，むずかしすぎると感じるならば，「お出かけですか」などと表現することもできる。

## シチュエーション3　　同僚との会話

### 「今，お暇ですか」→NG？

　同じ立場同士なので，暇に「お」が付いた形で「お暇」ぐらいでも構わないともいえるが，「暇」というのは，するべきことも何もない時間という意味。そのため「お暇ですか」では，あまりにも直接的になってしまう。その意味では「手が空いている」→「空いていらっしゃる」→「お手透き」などに言い換えることで，やわらかく敬意も含んだ表現になる。

## シチュエーション4　　上司との会話

### 「なるほどですね」→NG！

　「なるほど」とは，相手の言葉を受けて，自分も同意見であることを表すため，相手の言葉・意見を自分が評価するというニュアンスも含まれている。そのため自分が評価して述べているという偉そうな表現にもなりかねない。同じ同意ならば，頷き「おっしゃる通りです」などの言葉のほうが誤解なく伝わる。

# 就活スケジュールシート

## ■年間スケジュールシート

| 1月 | 2月 | 3月 | 4月 | 5月 | 6月 |
|---|---|---|---|---|---|
| **企業関連スケジュール** | | | | | |
| | | | | | |
| **自己の行動計画** | | | | | |
| | | | | | |

就職活動をすすめるうえで，当然重要になってくるのは，自己のスケジュール管理だ。企業の選考スケジュールを把握することも大切だが，自分のペースで進めることになる自己分析や業界・企業研究，面接試験のトレーニング等の計画を立てることも忘れてはいけない。スケジュールシートに「記入」する作業を通して，短期・長期の両方の面から就職試験を考えるきっかけにしよう。

| 7月 | 8月 | 9月 | 10月 | 11月 | 12月 |
|---|---|---|---|---|---|
| 企業関連スケジュール | | | | | |
| | | | | | |
| 自己の行動計画 | | | | | |
| | | | | | |

# 第4章

## SPI対策

ほとんどの企業では，基本的な資質や能力を見極めるため適性検査を実施しており，現在最も使われているのがリクルートが開発した「SPI」である。

テストの内容は，「言語能力」「非言語能力」「性格」の3つに分かれている。その人がどんな人物で，どんな仕事で力を発揮しやすいのか，また，どんな組織になじみやすいかなどを把握するために行われる。

この章では，SPIの「言語能力」及び「非言語能力」の分野で，頻出内容を絞って，演習問題を構成している。演習問題に複数回チャレンジし，解説をしっかりと熟読して，学習効果を高めよう。

# SPI 対策

## ●SPIとは

SPIは，Synthetic Personality Inventoryの略称で，株式会社リクルートが開発・販売を行っている就職採用向けのテストである。昭和49年から提供が始まり，平成14年と平成25年の2回改訂が行われ，現在はSPI3が最新になる。

SPIは，応募者の仕事に対する適性，職業の適性能力，興味や関心を見極めるのに適しており，現在の就職採用テストでは主流となっている。

SPIは，「知的能力検査」と「性格検査」の2領域にわけて測定され，知的能力検査は「言語能力検査（国語）」と「非言語能力検査（数学）」に分かれている。オプション検査として，「英語（ENG）検査」を実施することもある。性格適性検査では，性格を細かく分析するために，非常に多くの質問が出される。SPIの性格適性検査では，正式な回答はなく，全ての質問に正直に答えることが重要である。

本章では，その中から，「言語能力検査」と「非言語能力検査」に絞って収録している。

## ●SPIを利用する企業の目的

① : 志望者から人数を絞る

一部上場企業にもなると，数万単位の希望者が応募してくる。基本的な資質能力や会社への適性能力を見極めるため，SPIを使って，人数の絞り込みを行う。

② : 知的能力を見極める

SPIは，応募者1人1人の基本的な知的能力を比較することができ，それによって，受検者の相対的な知的能力を見極めることが可能になる。

③ : 性格をチェックする

その職種に対する適性があるが，300程度の簡単な質問によって発想力やパーソナリティを見ていく。性格検査なので，正解というものはなく，正直に回答していくことが重要である。

## ●SPIの受検形式

　SPIは，企業の会社説明会や会場で実施される「ペーパーテスト形式」
と，パソコンを使った「テストセンター形式」とがある。

　近年，ペーパーテスト形式は減少しており，ほとんどの企業が，パソ
コンを使ったテストセンター形式を採用している。志望する企業がどの
ようなテストを採用しているか，早めに確認し，対策を立てておくこと。

## ●SPIの出題形式

　SPIは，言語分野，非言語分野，英語（ENG），性格適性検査に出題
形式が分かれている。

| 科目 | 出題範囲・内容 |
|---|---|
| 言語分野 | 二語の関係，語句の意味，語句の用法，文の並び換え，空欄補充，熟語の成り立ち，文節の並び換え，長文読解　等 |
| 非言語分野 | 推論，場合の数，確率，集合，損益算，速度算，表の読み取り，資料の読み取り，長文読み取り　等 |
| 英語（ENG） | 同意語，反意語，空欄補充，英英辞書，誤文訂正，和文英訳，長文読解　等 |
| 性格適性検査 | 質問：300問程度　時間：約35分 |

## ●受検対策

　本章では，出題が予想される問題を厳選して収録している。問題と解
答だけではなく，詳細な解説も収録しているので，分からないところは
複数回問題を解いてみよう。

# 言語分野

## 二語関係

### 同音異義語

●あいせき
哀惜　死を悲しみ惜しむこと
愛惜　惜しみ大切にすること

●いぎ
意義　意味・内容・価値
異議　他人と違う意見
威儀　いかめしい挙動
異義　異なった意味

●いし
意志　何かをする積極的な気持ち
意思　しようとする思い・考え

●いどう
異同　異なり・違い・差
移動　場所を移ること
異動　地位・勤務の変更

●かいこ
懐古　昔を懐かしく思うこと
回顧　過去を振り返ること
解雇　仕事を辞めさせること

●かいてい
改訂　内容を改め直すこと
改定　改めて定めること

●かんしん
関心　気にかかること
感心　心に強く感じること
歓心　嬉しいと思う心

寒心　肝を冷やすこと

●きてい
規定　規則・定め
規程　官公庁などの規則

●けんとう
見当　だいたいの推測・判断・
　　　めあて
検討　調べ究めること

●こうてい
工程　作業の順序
行程　距離・みちのり

●じき
直　　すぐに
時期　時・折り・季節
時季　季節・時節
時機　適切な機会

●しゅし
趣旨　趣意・理由・目的
主旨　中心的な意味

●たいけい
体型　人の体格
体形　人や動物の形態
体系　ある原理に基づき個々のも
　　　のを統一したもの
大系　系統立ててまとめた叢書

●たいしょう

対象　行為や活動が向けられる相手

対称　対応する位置にあること

対照　他のものと照らし合わせること

●たんせい

端正　人の行状が正しくきちんとしているさま

端整　人の容姿が整っているさま

●はんざつ

繁雑　ごたごたと込み入ること

煩雑　煩わしく込み入ること

●ほしょう

保障　保護して守ること

保証　確かだと請け合うこと

補償　損害を補い償うこと

●むち

無知　知識・学問がないこと

無恥　恥を知らないこと

●ようけん

要件　必要なこと

用件　なすべき仕事

## 同訓漢字

●あう

合う…好みに合う。答えが合う。

会う…客人と会う。立ち会う。

遭う…事故に遭う。盗難に遭う。

●あげる

上げる…プレゼントを上げる。効果を上げる。

挙げる…手を挙げる。全力を挙げる。

揚げる…凧を揚げる。てんぷらを揚げる。

●あつい

暑い…夏は暑い。暑い部屋。

熱い…熱いお湯。熱い視線を送る。

厚い…厚い紙。面の皮が厚い。

篤い…志の篤い人。篤い信仰。

●うつす

写す…写真を写す。文章を写す。

映す…映画をスクリーンに映す。鏡に姿を映す。

●おかす

冒す…危険を冒す。病に冒された人。

犯す…犯罪を犯す。法律を犯す。

侵す…領空を侵す。プライバシーを侵す。

●おさめる

治める…領地を治める。水を治める。

収める…利益を収める。争いを収める。

修める…学問を修める。身を修める。

納める…税金を納める。品物を納める。

●かえる

変える…世界を変える。性格を変える。

代える…役割を代える。背に腹は代えられぬ。

替える…円をドルに替える。服を替える。

●きく

聞く…うわさ話を聞く。明日の天気を聞く。

聴く…音楽を聴く。講義を聴く。

●しめる

閉める…門を閉める。ドアを閉める。

締める…ネクタイを締める。気を引き締める。

絞める…首を絞める。絞め技をかける。

●すすめる

進める…足を進める。話を進める。

勧める…縁談を勧める。加入を勧める。

薦める…生徒会長に薦める。

●つく

付く…傷が付いた眼鏡。気が付く。

着く…待ち合わせ場所の公園に着く。地に足が着く。

就く…仕事に就く。外野の守備に就く。

●つとめる

務める…日本代表を務める。主役を務める。

努める…問題解決に努める。療養に努める。

勤める…大学に勤める。会社に勤める。

●のぞむ

望む…自分の望んだ夢を追いかける。

臨む…記者会見に臨む。決勝に臨む。

●はかる

計る…時間を計る。将来を計る。

測る…飛行距離を測る。水深を測る。

●みる

見る…月を見る。ライオンを見る。

診る…患者を診る。脈を診る。

## 演習問題

1 カタカナで記した部分の漢字として適切なものはどれか。

1 手続きがハンザツだ　　　　　　【汎雑】

2 誤りをカンカすることはできない　【観過】

3 ゲキヤクなので取扱いに注意する　【激薬】

4 クジュウに満ちた選択だった　　　【苦重】

5 キセイの基準に従う　　　　　　　【既成】

2 下線部の漢字として適切なものはどれか。

家で飼っている熱帯魚を<u>かんしょう</u>する。

1 干渉
2 観賞
3 感傷
4 勧奨
5 鑑賞

3 下線部の漢字として適切なものはどれか。

彼に責任を<u>ついきゅう</u>する。

1 追窮
2 追究
3 追給
4 追求
5 追及

4 下線部の語句について，両方とも正しい表記をしているものはどれか。

1 私と母とは<u>相生</u>がいい。　・この歌を<u>愛唱</u>している。
2 それは<u>規成</u>の事実である。　・<u>既製品</u>を買ってくる。
3 同音<u>異義語</u>を見つける。　・会議で<u>意議</u>を申し立てる。
4 選挙の<u>大勢</u>が決まる。　・作曲家として<u>大成</u>する。
5 <u>無常</u>の喜びを味わう。　・<u>無情</u>にも雨が降る。

5 下線部の漢字として適切なものはどれか。

彼の体調は<u>かいほう</u>に向かっている。

1 介抱
2 快方
3 解放
4 回報
5 開放

**1** 5

**解説** 1 「煩雑」が正しい。「汎」は「汎用(はんよう)」などと使う。2 「看過」が正しい。「観」は「観光」や「観察」などと使う。 3 「劇薬」が正しい。「少量の使用であってもはげしい作用のするもの」という意味であるが「激」を使わないことに注意する。 4 「苦渋」が正しい。苦しみ悩むという意味で、「苦悩」と同意であると考えてよい。 5 「既成概念」などと使う場合もある。同音で「既製」という言葉があるが、これは「既製服」や「既製品」という言葉で用いる。

**2** 2

**解説** 同音異義語や同訓異字の問題は、その漢字を知っているだけでは対処できない。「植物や魚などの美しいものを見て楽しむ」場合は「観賞」を用いる。なお、「芸術作品」に関する場合は「鑑賞」を用いる。

**3** 5

**解説** 「ついきゅう」は、特に「追究」「追求」「追及」が頻出である。「追究」は「あることについて徹底的に明らかにしようとすること」、「追求」は「あるものを手に入れようとすること」、「追及」は「後から厳しく調べること」という意味である。ここでは、「責任」という言葉の後にあるので、「厳しく」という意味が含まれている「追及」が適切である。

**4** 4

**解説** 1の「相生」は「相性」、2の「規成」は「既成」、3の「意議」は「異議」、5の「無常」は「無上」が正しい。

**5** 2

**解説** 「快方」は「よい方向に向かっている」という意味である。なお、1は病気の人の世話をすること、3は束縛を解いて自由にすること、4は複数人で回し読む文書、5は出入り自由として開け放つ、の意味。

# 熟語

## 四字熟語

□曖昧模糊　あいまいもこ―はっきりしないこと。

□阿鼻叫喚　あびきょうかん―苦しみに耐えられないで泣き叫ぶこと。はなはだしい惨状を形容する語。

□暗中模索　あんちゅうもさく―暗闇で手さぐりでものを探すこと。様子がつかめずどうすればよいかわからないままやってみること。

□以心伝心　いしんでんしん―無言のうちに心から心に意思が通じ合うこと。

□一言居士　いちげんこじ―何事についても自分の意見を言わなければ気のすまない人。

□一期一会　いちごいちえ――生のうち一度だけの機会。

□一日千秋　いちじつせんしゅう――日会わなければ千年も会わないように感じられることから，一日が非常に長く感じられること。

□一念発起　いちねんほっき―決心して信仰の道に入ること。転じてある事を成就させるために決心すること。

□一網打尽　いちもうだじん――網打つだけで多くの魚を捕らえることから，一度に全部捕らえること。

□一攫千金　いっかくせんきん――時にたやすく莫大な利益を得ること。

□一挙両得　いっきょりょうとく――つの行動で二つの利益を得ること。

□意馬心猿　いばしんえん―馬が走り，猿が騒ぐのを抑制できないことにたとえ，煩悩や欲望の抑えられないさま。

□意味深長　いみしんちょう―意味が深く含蓄のあること。

□因果応報　いんがおうほう―よい行いにはよい報いが，悪い行いには悪い報いがあり，因と果とは相応じるものであるということ。

□慇懃無礼　いんぎんぶれい―うわべはあくまでも丁寧だが，実は尊大であること。

□有為転変　ういてんぺん―世の中の物事の移りやすくはかない様子のこと。

□右往左往　うおうさおう―多くの人が秩序もなく動き，あっちへ行ったりこっちへ来たり，混乱すること。

□右顧左眄　うこさべん―右を見たり，左を見たり，周囲の様子ばかりう
　　　　　かがっていて決断しないこと。

□有象無象　うぞうむぞう―世の中の無形有形の一切のもの。たくさん集
　　　　　まったつまらない人々。

□海千山千　うみせんやません―経験を積み，その世界の裏まで知り抜い
　　　　　ている老獪な人。

□紆余曲折　うよきょくせつ―まがりくねっていること。事情が込み入っ
　　　　　て，状況がいろいろ変化すること。

□雲散霧消　うんさんむしょう―雲や霧が消えるように，あとかたもなく
　　　　　消えること。

□栄枯盛衰　えいこせいすい―草木が繁り，枯れていくように，盛んになっ
　　　　　たり衰えたりすること。世の中の浮き沈みのこと。

□栄耀栄華　えいようえいが―権力や富貴をきわめ，おごりたかぶること。

□会者定離　えしゃじょうり―会う者は必ず離れる運命をもつというこ
　　　　　と。人生の無常を説いたことば。

□岡目八目　おかめはちもく―局外に立ち，第三者の立場で物事を観察す
　　　　　ると，その是非や損失がよくわかるということ。

□温故知新　おんこちしん―古い事柄を究め新しい知識や見解を得るこ
　　　　　と。

□臥薪嘗胆　がしんしょうたん―たきぎの中に寝，きもをなめる意で，目
　　　　　的を達成するのために苦心，苦労を重ねること。

□花鳥風月　かちょうふうげつ―自然界の美しい風景，風雅のこころ。

□我田引水　がでんいんすい―自分の利益となるように発言したり行動し
　　　　　たりすること。

□画竜点睛　がりょうてんせい―竜を描いて最後にひとみを描き加えたと
　　　　　ころ，天に上ったという故事から，物事を完成させるために
　　　　　最後に付け加える大切な仕上げ。

□夏炉冬扇　かろとうせん―夏の火鉢，冬の扇のようにその場に必要のな
　　　　　い事物。

□危急存亡　ききゅうそんぼう―危機が迫ってこのまま生き残れるか滅び
　　　　　るかの瀬戸際。

□疑心暗鬼　ぎしんあんき―心の疑いが妄想を引き起こして実際にはいな
　　　　　い鬼の姿が見えるようになることから，疑心が起こると何で

もないことまで恐ろしくなること。

□玉石混交　ぎょくせきこんこう―すぐれたものとそうでないものが入り
混じっていること。

□荒唐無稽　こうとうむけい―言葉や考えによりどころがなく，とりとめ
もないこと。

□五里霧中　ごりむちゅう―迷って考えの定まらないこと。

□針小棒大　しんしょうぼうだい―物事を大袈裟にいうこと。

□大同小異　だいどうしょうい―細部は異なっているが総体的には同じで
あること。

□馬耳東風　ばじとうふう―人の意見や批評を全く気にかけず聞き流すこ
と。

□波瀾万丈　はらんばんじょう―さまざまな事件が次々と起き，変化に富
むこと。

□付和雷同　ふわらいどう――定の見識がなくただ人の説にわけもなく賛
同すること。

□粉骨砕身　ふんこつさいしん―力の限り努力すること。

□羊頭狗肉　ようとうくにく―外見は立派だが内容がともなわないこと。

□竜頭蛇尾　りゅうとうだび―初めは勢いがさかんだが最後はふるわない
こと。

□臨機応変　りんきおうへん―時と場所に応じて適当な処置をとること。

## 演習問題

1　「海千山千」の意味として適切なものはどれか。
1　様々な経験を積み，世間の表裏を知り尽くしてずる賢いこと
2　今までに例がなく，これからもあり得ないような非常に珍しいこと
3　人をだまし丸め込む手段や技巧のこと
4　一人で千人の敵を相手にできるほど強いこと
5　広くて果てしないこと

2 四字熟語として適切なものはどれか。
 1　竜頭堕尾
 2　沈思黙考
 3　孟母断危
 4　理路正然
 5　猪突猛伸

3 四字熟語の漢字の使い方がすべて正しいものはどれか。
 1　純真無垢　　　青天白日　　　疑心暗鬼
 2　短刀直入　　　自我自賛　　　危機一髪
 3　厚顔無知　　　思考錯誤　　　言語同断
 4　異句同音　　　一鳥一石　　　好機当来
 5　意味深長　　　興味深々　　　五里霧中

4 「一蓮托生」の意味として適切なものはどれか。
 1　一味の者を一度で全部つかまえること。
 2　物事が順調に進行すること。
 3　ほかの事に注意をそらさず，一つの事に心を集中させているさま。
 4　善くても悪くても行動・運命をともにすること。
 5　妥当なものはない。

5 故事成語の意味で適切なものはどれか。
　「塞翁(さいおう)が馬」
 1　たいして差がない
 2　幸不幸は予測できない
 3　肝心なものが欠けている
 4　実行してみれば意外と簡単
 5　努力がすべてむだに終わる

**1** 1

**解説** 2は「空前絶後」，3は「手練手管」，4は「一騎当千」，5は「広大無辺」である。

**2** 2

**解説** 2の沈思黙考は，「思いにしずむこと。深く考えこむこと。」の意味である。なお，1は竜頭蛇尾(始めは勢いが盛んでも，終わりにはふるわないこと)，3は孟母断機(孟子の母が織りかけの織布を断って，学問を中途でやめれば，この断機と同じであると戒めた譬え)，4は理路整然(話や議論の筋道が整っていること)，5は猪突猛進(いのししのように向こう見ずに一直線に進むこと)が正しい。

**3** 1

**解説** 2は「単刀直入」「自画自賛」，3は「厚顔無恥」「試行錯誤」「言語道断」，4は「異口同音」「一朝一夕」「好機到来」，5は「興味津々」が正しい。四字熟語の意味を理解する際，どのような字で書かれているかを意識するとよい。

**4** 4

**解説** 「一蓮托生」は，よい行いをした者は天国に行き，同じ蓮の花の上に生まれ変わるという仏教の教えから，「(ことの善悪にかかわらず)仲間として行動や運命をともにすること」をいう。

**5** 2

**解説** 「塞翁が馬」は「人間万事塞翁が馬」と表す場合もある。1は「五十歩百歩」，3は「画竜点睛に欠く」，4は「案ずるより産むが易し」，5は「水泡に帰する」の故事成語の意味である。

# 語の使い方

## 文法

### I 品詞の種類

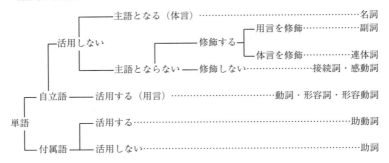

### II 動詞の活用形

| 活用 | 基本 | 語幹 | 未然 | 連用 | 終止 | 連体 | 仮定 | 命令 |
|------|------|------|------|------|------|------|------|------|
| 五段 | 読む | 読 | ま　も | み | む | む | め | め |
| 上一段 | 見る | 見 | み | み | みる | みる | みれ | みよ |
| 下一段 | 捨てる | 捨 | て | て | てる | てる | てれ | てよ　てろ |
| カ変 | 来る | 来 | こ | き | くる | くる | くれ | こい |
| サ変 | する | す | さ　し　せ | し | する | する | すれ | せよ　しろ |
| | 主な接続語 | | ナイ　ウ・ヨウ | マス　テ・タ | 言い切る | コト　トキ | バ | 命令 |

### III 形容詞の活用形

| 基本 | 語幹 | 未然 | 連用 | 終止 | 連体 | 仮定 | 命令 |
|------|------|------|------|------|------|------|------|
| 美しい | うつくし | かろ | かっ　く | い | い | けれ | ○ |
| 主な用法 | | ウ | ナルタ　タ | 言い切る | 体言 | バ | |

### IV 形容動詞の活用形

| 基本 | 語幹 | 未然 | 連用 | 終止 | 連体 | 仮定 | 命令 |
|------|------|------|------|------|------|------|------|
| 静かだ | 静か | だろ | だっ　で　に | だ | な | なら | ○ |
| 主な用法 | | ウ | タ　アル　ナル | 言い切る | 体言 | バ | |

## Ⅴ　文の成分

主語・述語の関係………花が ― 咲いた。
修飾・被修飾の関係……きれいな ― 花。
接続の関係………………花が咲いたので，花見をした。
並立の関係………………赤い花と白い花。
補助の関係………………花が咲いている。（二文節で述語となっている）

〈副詞〉自立語で活用せず，単独で文節を作り，多く連用修飾語を作る。

状態を表すもの…………ついに・さっそく・しばらく・ぴったり・すっかり

程度を表すもの…………もっと・すこし・ずいぶん・ちょっと・ずっと

陳述の副詞………………決して～ない・なぜ～か・たぶん～だろう・もし～ば

〈助動詞〉付属語で活用し，主として用言や他の助動詞について意味を添える。

① 使役……せる・させる（学校に行かせる　服を着させる）
② 受身……れる・られる（先生に怒られる　人に見られる）
③ 可能……れる・られる（歩いて行かれる距離　まだ着られる服）
④ 自発……れる・られる（ふと思い出される　容態が案じられる）
⑤ 尊敬……れる・られる（先生が話される　先生が来られる）
⑥ 過去・完了……た（話を聞いた　公園で遊んだ）
⑦ 打消……ない・ぬ（僕は知らない　知らぬ存ぜぬ）
⑧ 推量……だろう・そうだ（晴れるだろう　晴れそうだ）
⑨ 意志……う・よう（旅行に行こう　彼女に告白しよう）
⑩ 様態……そうだ（雨が降りそうだ）
⑪ 希望……たい・たがる（いっぱい遊びたい　おもちゃを欲しがる）
⑫ 断定……だ（悪いのは相手の方だ）
⑬ 伝聞……そうだ（試験に合格したそうだ）
⑭ 推定……らしい（明日は雨らしい）
⑮ 丁寧……です・ます（それはわたしです　ここにあります）
⑯ 打消推量・打消意志……まい（そんなことはあるまい　けっして言うまい）

〈助詞〉付属語で活用せず，ある語について，その語と他の語との関係を補助したり，意味を添えたりする。

① 格助詞……主として体言に付き，その語と他の語の関係を示す。

→が・の・を・に・へ・と・から・より・で・や

② 副助詞……いろいろな語に付いて，意味を添える。

→は・も・か・こそ・さえ・でも・しか・まで・ばかり・だけ・など

③ 接続助詞……用言・活用語に付いて，上と下の文節を続ける。

→ば・けれども・が・のに・ので・ても・から・たり・ながら

④ 終助詞……文末（もしくは文節の切れ目）に付いて意味を添える。

→なあ（感動）・よ（念押し）・な（禁止）・か（疑問）・ね（念押し）

## 演習問題

1 次のア〜オのうち，下線部の表現が適切でないものはどれか。

1 彼はいつもまわりに愛嬌をふりまいて，場を和やかにしてくれる。

2 的を射た説明によって，よく理解することができた。

3 舌先三寸で人をまるめこむのではなく，誠実に説明する。

4 この重要な役目は，彼女に白羽の矢が当てられた。

5 二の舞を演じないように，失敗から学ばなくてはならない。

2 次の文について，言葉の用法として適切なものはどれか。

1 矢折れ刀尽きるまで戦う。

2 ヘルプデスクに電話したが「分かりません」と繰り返すだけで取り付く暇もなかった。

3 彼の言動は肝に据えかねる。

4 彼は証拠にもなく何度も賭け事に手を出した。

5 適切なものはない。

3 下線部の言葉の用法として適切なものはどれか。

1 彼はのべつ暇なく働いている。

2 あの人の言動は常軌を失っている。

3 彼女は熱に泳がされている。

4 彼らの主張に対して間髪をいれずに反論した。

5 彼女の自分勝手な振る舞いに顔をひそめた。

4 次の文で，下線部が適切でないものはどれか。
1 ぼくの目標は，兄より早く走れるように<u>なること</u>です。
2 先生の<u>おっしゃること</u>をよく聞くのですよ。
3 昨日は家で本を読んだり，テレビを<u>見て</u>いました。
4 風にざわめく木々は，まるで私たちにあいさつをしている<u>ようだった</u>。
5 先生の業績については，よく<u>存じております</u>。

5 下線部の言葉の用法が適切でないものはどれか。
1 <u>急いては事を仕損じる</u>ので，マイペースを心がける。
2 彼女は<u>目端が利く</u>。
3 <u>世知辛い</u>世の中になったものだ。
4 安全を<u>念頭に置いて</u>作業を進める。
5 次の試験に<u>標準を合わせて</u>勉強に取り組む。

○○○解答・解説○○○

1 4

**解説** 1の「愛嬌をふりまく」は，おせじなどをいい，明るく振る舞うこと，2の「的を射る」は的確に要点をとらえること，3の「舌先三寸」は口先だけの巧みに人をあしらう弁舌のこと，4はたくさんの中から選びだされるという意味だが，「白羽の矢が当てられた」ではなく，「白羽の矢が立った」が正しい。5の「二の舞を演じる」は他人がした失敗を自分もしてしまうという意味である。

2 5

**解説** 1「刀折れ矢尽きる」が正しく，「なす術がなくなる」という意味である。 2 話を進めるきっかけが見つからない。すがることができない，という意味になるのは「取り付く島がない」が正しい。 3 「言動」という言葉から，「我慢できなくなる」という意味の言葉を使う必要がある。「腹に据えかねる」が正しい。 4 「何度も賭け事に手を出した」という部分から「こりずに」という意味の「性懲りもなく」が正しい。

3 4

解説 1「のべつ幕なしに」，2は「常軌を逸している」，3は「熱に浮かされている」，5は「眉をひそめた」が正しい。

4 3

解説 3は前に「読んだり」とあるので，後半も「見たり」にしなければならないが，「見ていました」になっているので表現として適当とはいえない。

5 5

解説 5は，「狙う，見据える」という意味の「照準」を使い，「照準を合わせて」と表記するのが正しい。

## 文章の並び替え

### 演習問題

1 次の文章を意味が通るように並べ替えたとき，順番として最も適切なものはどれか。

A 読書にしたしむ工夫の一つは，自分に興味のあるもの，いや，読み出したらご飯を食べるのも忘れるほど興味のある本をまず読むことです。そんな本を見つけ出せというと，大変むつかしい注文のように聞こえるけれども，決してそうではない。健康な中学生，高校生なら世界の名作といわれるものの必ずしも全部ではないが，その半分，あるいはその三分の一くらいの文学作品には，必ず強い興味をひかれるはずだと思うのです。

B 面白い長篇小説を読み上げると，きっと人に話したくなるものですが，友だちにすすめてこれを読ませ，仲間で討論会—それほどむつかしく考えなくてもいいけれども，ここは面白かった，あそこの意味はよくわからなかった，というような話合いをすること，これが第二の手だてです。手だてというとかた苦しいが，読後の感想を，気心の知れた友達と語り合うということは，なかなか楽しいことなのです。話合うクセがつくと，読んだことも頭と心に深くしみ込むし，また次の本を読みたい気持もそそられてくるに違いありません。

C 自分の好きな本を見つけて，読み上げる。そういうことを何回も重ねてゆくということが第一の手だてです。そうするうちに本を読むスピードも自然に早くなるし，また自分は大きな本でも読みあげる力があるという自信がつきます。すべての人間のすることは，ぼくにはこれがやれる，という自信をもってやらなければ，うまく成功しないものですが，読書もまた同じことで，自分の読書力についての自信を強めることが第一です。そのためには若い諸君は，文学ならおもしろい長篇小説，たとえばスタンダールの『赤と黒』だとか，トルストイの『復活』だとか，あの程度の長さの名作を読むことをおすすめします。

（『私の読書遍歴』桑原武夫著）

1 A－B－C
2 A－C－B
3 B－C－A

4　C－B－A
　　5　C－A－B

2　次の文章中の（　　　）内に，あとのア～キの7つの文を並べ替えて入れると意味の通った文章になる。並べ方の最も適切なものはどれか。

　以上は，わたしが読む人間から書く人間へ変化していった過程である。わたしの精神が読む働きから書く働きへ移っていったコースである。もちろん，（　　　　　　　　　）特別の天才は別として，わたしたちは，多量の精神的エネルギーを放出しなければ，また，精神の戦闘的な姿勢がなければ，小さな文章でも書くことはできないのである。

　ア　それに必要な精神的エネルギーの量から見ると，書く，読む，聞く……という順でしだいに減っていくようである。

　イ　すなわち，読むという働きがまだ受動的であるのに反して，書くという働きは完全に能動的である。

　ウ　しかし，書くという働きに必要なエネルギーは読むという働きに必要なエネルギーをはるかに凌駕する。

　エ　そこには，精神の姿勢の相違がある。

　オ　読むという働きは，聞くという働きなどに比べれば多量のエネルギーを必要とする。

　カ　同様に精神の働きではあるが，一方はかなりパッシブであり，他方は極めてアクチブである。

　キ　更に考えてみると，読む働きと書く働きとの間には，必要とするエネルギーの大小というだけでなく，もっと質的な相違があると言わねばならない。

　　1　ア－ウ－オ－キ－エ－イ－カ
　　2　オ－ウ－ア－キ－エ－イ－カ
　　3　オ－イ－カ－ウ－ア－キ－エ
　　4　エ－オ－ウ－イ－カ－キ－ア
　　5　オ－ア－イ－カ－ウ－キ－エ

3　次の文章の並べ替え方として最も適切なものはどれか。

　A　マジックの番組かと思ったらそうではなかった。政治討論の番組であり，声を荒らげていたのは，年金の記録が不明確になってしまったものの表現について話している途中の部分だった。

　B　政府側からみれば，「消えた」のではなく，誰に払うべきか分からな

くなってしまったものであるから，「宙に浮いた」と表現したいといったところか。

C　要するにどの立場に立つかによって表現の仕方は変わるのである。逆に言えば，どの表現を用いているかをみれば，その人が，どの立場で，誰の味方となって発言しているかが分かるのである。

D　もらえなかった人にとっては，「消えた」という表現がぴったりであろう。自分が信じて払い，受給する権利がなくなってしまうのであるから，それ以上の表現はない。

E　テレビをつけたままで仕事をしていたら，「消えたのではなく宙に浮いたのだ」と誰かが声を荒らげていた。

1　E－C－A－D－B
2　E－B－D－A－C
3　E－A－D－C－B
4　E－A－D－B－C
5　E－B－D－C－A

○○○解答・解説○○○

1　2

**解説**　Cに「第一の手だて」，Bに「第二の手だて」とあるので，C，Bという順番はわかるだろう。Aをどこに置くかで悩むかもしれないが，Cに「自分の好きな本を見つけて」とあり，これがAの「興味のある本を見つけ出すことは決して難しいことではない」という内容につながっていると考えられる。よって，Cの前にAが来ると考えられる。

2　2

**解説**　出典は清水幾太郎の『論文の書き方』ある。文章を整序する問題は，指示語や接続語に注意しながら，文意が通るように並べ替えていくことが大切である。この問題の場合，選択肢をヒントととらえると「もちろん」の直後には「ア・エ・オ」のいずれかが入ることがわかる。アは「それに必要な精神的エネルギーの量から見ると……」という文になっているので，文頭の「それに」は接続詞ではなく「それ（代名詞）＋に（助詞）」の指示語ととらえられる。そうすると，「もちろん」の直後に入れた場合文意が通らなくなるので，アで始まっている1は誤りとして消去できる。同様にエ

も「そこ」に注目すると文意が通らないことがわかるので，4も消去できる。オは文意が通るので2・3・5について検討していけばよいことになる。したがってオの後ろには「ア・イ・ウ」のいずれかが入ることがわかる。それぞれをあてはめていくと，逆接の接続詞「しかし」で始まっているウが最も文意が通ることに気づく。そうなると2しか残らない。2の順番どおりに読み進めていき，流れがおかしくないかどうか検討し，おかしくなければ正答とみなすことができる。よって，正答は2。

---

3 4

**解説** 作問者による書き下ろし。「発端」「発端についての説明」「まとめ」といった構成になっている。「発端」はEであり，「まとめ」の部分についてはCが該当する。「発端についての説明」については，Aにおいてテレビから聞こえた内容を明らかにし，「消えた」とする立場（D），「宙に浮いた」とする立場（B）からそれぞれ説明している。

## 演習問題

[1] 次の文章の内容と一致するものはどれか。

　そもそも神学というものは一般に何かある特定の宗教の信仰内容を論理的な教義に組織したものであります。どういう宗教でも伝道ということを意図する以上は，人を説得するために必ずそういう神学をもたざるをえない。世界的宗教というような，そういう一般人類に通ずる宗教ということを標榜する宗教においては，必ずその宗教を他に伝える伝道ということがその任務に属している。ところで伝道とは，言葉で人に語って，人を説得することをいうわけだから，そこにおのずから論理的に思考し論証するということがなければならなくなる。論理的ということは，そういう場合には論証的，推論的ということになる。ただわれわれが物を考えるというだけならば必ずしも論理的とはいわれない。（略）論理的ということは推論的ということである。ヘーゲルが論理的というのはそういう推論的という意味です。

1　ヘーゲルのいう推論は，論理性を離れたものを前提としている。
2　世界宗教の開祖は，自らの教義の確立の時点において，神学の構築を意識していた。
3　私たちの思考は，必然的に論理的なものになりうる。
4　論理的であることと，推論的であることは，互いに深い繋がりがある。
5　宗教的な信仰は，純粋な感情を出発点にするので，論理による説得にはなじまない。

[2] 次の文の空欄に入る語句として，最も適切なものはどれか。

　自分がその真只中を生きている老いがある一方には，まだ若い年齢で遠くから眺めている老いというものもあります。老化の進行する具体的体験を持たぬ分だけ，それはいわば観念としての老いであり，観察対象としての老いであるかもしれない。しかし見方によっては，そこに老人自身が描くのとは異なった老いの客観像が浮かび出ているとも言えるでしょう。

　文学作品の場合，もし若くして老年や老人を描くとしたら，その中に特別の意味が隠されているように思われます。自らが渦中にある老いを捉えた優れた小説に切実なリアリティーが宿るのは確かですが，（　　　）には，

また別の，いわば思念としての切実さやリアリティーが孕まれているのではないでしょうか。人の生涯を遠望した上で，その終わりに近い老年に託されたものの姿が垣間見えると考えられるからです。

1　当事者の立場から感じられる老い
2　傍観者として眺められた老い
3　距離を置いて眺められた老い
4　実体験に基づいた老い
5　想像力のみによってとらえられた老い

3　次の文章の要旨として正しいものはどれか。

　私たちは，日常の生活の中で話したり聞いたり，書いたり読んだりしている。すなわち，言語行動は日常生活の中におり込まれている。ちょっと考えてみても，朝起きると新聞を「読む」，出かける前に天気予報を「聞く」，店先で買い物をしたり，役所の窓口で手つづきをしたりするときは「言う」あるいは「話す」，遠くの人に用事があれば手紙を「書く」。──こうした言語行動は，そのことだけ切りはなされていとなまれるのではなく，いろいろな目的を持ち，さまざまな結果につながっている。新聞を読むことによって知識を得たり教養をつんだり，そこから自分の生活の方針を考えたりすることができる。天気予報を聞くのは，傘を用意するかしないか，遠方へ出かけるかどうか，これからの行動を決行することに関係する。店先で買物をするとき店員と話したり，銀行の窓口でものを言ったりすることは，何よりも切実な〈経済生活〉を遂行するためには不可欠のことである。

　こんな例からもわかるように，言語行動は日常生活の中に位置して，その重要な部分をなしている。家庭であろうと，店先であろうと，学校であろうと，オフィスであろうと，はたまた，駅であろうと，路上であろうと，人と人との寄り合うところには，必ず言語行動が行われる。

1　言語には「話す」「聞く」「書く」「読む」の4つの側面がある。
2　話し言葉，書き言葉にはそれぞれの役割がある。
3　言語を駆使できないと，社会生活に支障をきたす。
4　人間が社会生活を営めるのは言語を持っているからだ。
5　社会生活にとって，言語は不可欠である。

4 次の文章中で筆者が友人たちに対して感じた「よそよそしさ」の原因と考えられるものはどれか。

　一九五八年，おそらく戦後はじめての大がかりな規模の日本古美術欧州巡回展が開催されたことがある。当時パリに留学中であった私は，思いがけなく，日本でもそう容易に見ることのできない数多くの故国の秘宝と直接異国で接する機会を得たわけだが，その時，フランス人の友人たちと何回か会場を廻りながら，私は大変興味深い体験を味わった。

　それは，同じ作品を前にしながら，フランスの友人たちの反応の仕方と私自身のそれとのあいだに微妙な喰い違いのあるのに気づかされたことである。といってそれは，彼らが必ずしも日本美術に無理解だというのではない。私の通っていたパリの美術研究所の優秀な仲間で，東洋美術についてかなり深い知識を持っている人でも事情は同じなのである。一般的に言って，彼らの作品評価はおおむね正当である。おおむね正当でありながら，ほんのわずかのところでわれわれ日本人と喰い違っている。そのほんのわずかの喰い違いというのが私には意味深いことのように思われたのである。

　そのことはおそらく，その古美術展の会場で，私がフランス人の友人たちに対し，例えば，ルーヴル美術館をいっしょに見る時などには決して感じたことのないような一種のよそよそしさを感じたことと無縁ではないに違いない。平素は何の気がねもなくつきあっている気心の知れた友人たちが雪舟や等伯の作品を前にしていると，ほとんどそれと気づかないくらいわずかながら，私から距離が遠くなったように感じられたのである。それはあるいは，私ひとりの思い過ごしであったのかもしれない。われわれのあいだで会話は平素と少しも変った調子を響かせなかったし，友人たちの方でも何ら変った態度を見せたわけではない。いやおそらくそういう私自身にしても，外から見たかぎりではまったくふだんと同じであったろう。しかもそれでいて私が彼らに対して漠然とながら一種のよそよそしさを覚えたとしたら，それはいったい何を物語っていたのだろう。

　　1　日本古美術に対する友人たちの無関心
　　2　雪舟や等伯に対する友人たちの無関心
　　3　雪舟や等伯に対する友人たちの違和感
　　4　日本画に対する友人たちの不見識
　　5　友人たちの自国（フランス）の文化に対する優越感

5 次の文章の下線部はどのようなことを指しているか。

　珠算での計算において，ソロバンの珠の動かし方そのものは単純である。数時間もあれば，そのやり方を学ぶことができる。そこで，その後の珠算塾での「学習」は，もっぱら計算（珠の操作）が速くなることに向けられる。一定時間内に，桁数の大きい数の計算がどのくらいたくさん誤りなくできるかによって珠算の「実力」が評価され，「級」や「段」が与えられる。子どもたちは，より上の級に上がるため，珠算での計算の速度を速めるよう練習をくり返すのである。

　そこでは多くの場合，なぜこのやり方はうまくいくのか，このステップはどんな意味をもっているのか，などを考えてみようとはしないであろう。教えられたやり方を使って計算しさえすれば，正しい答えがちゃんと出てくるし，何度もくり返し練習すれば確実に速くなる。そして望み通り，級も上へと進むことができるのである。したがって，珠算での熟達者は，計算は非常に速いが，珠算の手続きの本質的意味については理解していない，ということが起こりやすい。

　　1　教えられたやり方を疑ってみること
　　2　なぜ珠算が熟達したのかと考えてみること
　　3　なぜ珠算を練習する必要があるのかということ
　　4　珠算の各ステップはどんな意味を持っているのかということ
　　5　珠算の習熟には計算能力の向上以外の意義があるということ

6 次の文の要旨として，正しいものはどれか。

　法律では，十八歳になると誰でも自分の生き方を選ぶ権利がある，ということになっている。つまり法律上誰でも「自由」を保証される。でもここには原則がある。

　近代社会では，人が「自由」を保証されるのは，人間が生まれつき自由だから，というのではぜんぜんありません。十八歳くらいになれば，他人の自由を尊重することができ，万一誰かの自由を損なったらきちんとそれを償う能力があるはずだ，ということです。他人の自由を尊重し，守れる能力がある，そのことで，はじめて人は「自由」と「人権」を保証される。そういう原則になっている。それが「自由の相互承認」ということです。

　こう言うと，「だったら身障者の人たちはどうなるんだ」という人もいるでしょう。たしかにそうで，知力や身体性に難があるために，他人の自由を損なったとき，それを補償する能力をもたない人もいるが，そういう人には人権はないのか，と。

これは責任と義務を共有できる人間どうしで，そういう人の自由と権利も確保しようという合意を取り決めているのです。誰でも自分の家族にそういうハンデある人を身内としてもつ可能性があるわけですから。

1　18歳未満の子供には，自由と人権は与えてはならない。
2　どんな人にでも，自由と人権は無条件で保証されるべきだ。
3　近代社会では18歳になれば，だれにでも自由は与えられる。
4　自由と人権を獲得するには，責任能力を持つ必要がある。
5　障害者の人たちには，自由と人権は与えられていない。

[7]　次の文章の内容として一致しているものはどれか。

　多くの場合，「批判」という言葉を聞いて連想することは，「相手を攻撃する」などといったイメージである。しかしながら，批判とは，本来，検討を充分に加えた上で批評するものであり，また，「批判」と訳されるドイツ語のクリティークは，「よいものを選び取る」というニュアンスが強い。いずれにしても，相手を感情的に攻撃することとは，似て非なるものであるといえよう。

　かつて，シュンペーターという経済学者は，同時代に活躍した経済学者であるケインズについて，真っ向から異なる見解を述べながら批評を続けた。一方，ケインズが亡くなった後に書いた追悼論文では，異なる見解を述べることを控えつつ，亡き学者の実績と学説を細部にいたるまでまとめ上げた。私達は，ここに本来あるべき批判の姿勢をみることができる。

　自らと異なる見解を持つ者に感情をぶつけることは本当の意味での批判でなく，ましてや学問のあるべき姿勢にはなじまない。異なる見解だからこそ，詳細に検討し，誤りと考える部分をその根拠を挙げながら論理的に指摘し，筋道立てて自説を展開しければならない。

1　批判の出発点は，相手を攻撃することである。
2　ドイツ語のクリティークという概念こそ，批判の対象となるべきものである。
3　ケインズとシュンペーターは，互いの経済学説について激しい論争を繰り広げた。
4　ケインズについて述べたシュンペーターによる追悼論文には，詳細な研究の跡が反映されていた。
5　学者にとって批判精神は命そのものであり，批判の型も個性的なものでなければならない。

○○○解答・解説○○○

1 4

**解説** 藤田正勝編『哲学の根本問題 数理の歴史主義展開』P69より。
1 最後の一文と一致しない。 2 宗教の開祖についての言及はない。
3 「ただわれわれが物を考えるというだけならば必ずしも論理的とはいわれない。」の部分と一致しない。 4 正しい。「論理的ということは，そういう場合には論証的，推論的ということになる。」という部分の主旨と一致する。 5 伝道の際に，人々を説得するために，信仰内容を論理的な教義に組織した神学が不可欠であるとしている。

2 3

**解説** 黒井千次『老いるということ』。 1 適切でない。空欄直前の「自らが渦中にある老いを捉えた優れた小説に切実なリアリティーが宿るのは確かですが」と矛盾する。空欄には，高齢者の立場から老いを論じる態度を表す語句は入らない。 2 適切でない。「傍観者」という言葉では，老いに対する関心が希薄な意味合いに受け取られる。 3 適切。まだ高齢者ではない人の視点から老いの本質を客観的に分析する態度を指している。 4 適切でない。設問が要求しているのは，自分自身が老いをまだ経験していないという前提に基づいている語句である。 5 適切でない。空欄後の「切実さやリアリティー」と矛盾する。想像力だけでは老いの本質をとらえるには不十分。

3 5

**解説** 金田一春彦『話し言葉の技術』。 1 言語の持つ4つの側面について，筆者は例を挙げて説明しているが，設問文の要旨としては不十分。 2 設問文は，話し言葉と書き言葉の役割について述べた文ではない。言語の性質について論じている。 3 日本に住む外国人が，必ずしも日本語を駆使できなくても暮らしていけるように，言語を駆使できるレベルでなくても社会生活を営むことはできる。また言語を駆使できないと生活に支障をきたすとは，どういうことかについての具体的な記述がない。
4 人間以外の動物も仲間とコミュニケーションをとり，社会生活を営んでいる。 5 正しい。私たちが社会生活を営む際に，言語を用いないですませるということはまったく考えられない。

4 3

**解説** 高階秀爾『日本近代美術史論』。雪舟，（長谷川）等伯は，ともに日本を代表する水墨画家である。雪舟は室町時代，等伯は安土桃山時代に活躍した。雪舟の代表作は「四季山水図」，等伯の代表作は「松林図屏風」である。　1　友人たちが日本古美術に対してまったく関心がないのなら，筆者に同行することはあり得ない。　2　友人たちは，雪舟や等伯の作品に対して大いに関心を持っていた。　3　正しい。友人たちのよそよそしさは，雪舟と等伯の作品に対する言葉では言い表せない違和感が原因と考えられる。　4　日本画に対する不見識とはあまりにも的外れである。　5　友人たちが，自国の文化に対する優越感のせいで，雪舟や等伯を理解できなかったとはまったく考えられない。

5 4

**解説** 稲垣佳世子・波多野誼余夫『人はいかに学ぶか』。この文章の要旨は，「珠算塾では計算（珠の操作）が速くなることを練習する。子どもたちの目的も，速く誤りなく計算し，上の級に上がることである。そこでは多くの場合，なぜこのやり方はうまくいくのか，このステップはどんな意味をもっているのかなどを考えてみようとはしないであろう。」ということ。「珠算の手続き」とは珠の動かし方であり，桁のくり上がりやくり下がりなど，「この問題のときはこの動かし方」という練習して覚えた各ステップのこと。「珠算の手続きの本質的意味」とは，「なぜ珠をそのように動かすのか」，「この手続きは数学的にどのような意味をもつのか」ということである。よって，正答は4。

6 4

**解説** 竹田青嗣『中学生からの哲学「超」入門』より。　1　18歳になれば法律上自由に生き方を選択する権利があるが，18歳未満の子供に自由や人権がまったくないということではない。　2　本文は近代社会において人が自由と人権を得るための条件について論じている。無条件ということではない。　3　18歳になれば法律上誰でも自由を保証されるのであって，無条件で自由になれるわけではない。　4　正しい。自分の行動に責任が持てるようになって初めて自由と人権が与えられる。その目安を法律は18歳と定めている。　5　障害者にも自由と人権が保証される。現代社会では，障害者に責任能力がないという理由で，自由や人権が与えられな

いうということは現実的ではない。

[7] 4

**解説** 1　批判とは，本来は，検討を十分に加えるものであるとの記述がある。　2　ドイツ語のクリティークについては，むしろ肯定的に捉えられている。　3　ケインズがシュンペーターを批判したとの記述はない。4　正しい。第2段落の内容と一致している。　5　批判精神そのものを重視する記述や，批判の型が個性的であるべきという記述はない。

# 非言語分野

## 計算式・不等式

### 演習問題

1 分数 $\frac{30}{7}$ を小数で表したとき，小数第100位の数字として正しいものはどれか。

　1　1　　2　2　　3　4　　4　5　　5　7

2 $x=\sqrt{2}-1$のとき，$x+\dfrac{1}{x}$ の値として正しいものはどれか。
　1　$2\sqrt{2}$　　2　$2\sqrt{2}-2$　　3　$2\sqrt{2}-1$　　4　$3\sqrt{2}-3$
　5　$3\sqrt{2}-2$

3 360の約数の総和として正しいものはどれか。

　1　1060　　2　1170　　3　1250　　4　1280　　5　1360

4 $\dfrac{x}{2}=\dfrac{y}{3}=\dfrac{z}{5}$ のとき，$\dfrac{x-y+z}{3x+y-z}$ の値として正しいものはどれか。

　1　$-2$　　2　$-1$　　3　$\dfrac{1}{2}$　　4　1　　5　$\dfrac{3}{2}$

5 $\dfrac{\sqrt{2}}{\sqrt{2}-1}$ の整数部分を$a$，小数部分を$b$とするとき，$a\times b$の値として正しいものは次のうちどれか。
　1　$\sqrt{2}$　　2　$2\sqrt{2}-2$　　3　$2\sqrt{2}-1$　　4　$3\sqrt{2}-3$
　5　$3\sqrt{2}-2$

6 $x=\sqrt{5}+\sqrt{2}$，$y=\sqrt{5}-\sqrt{2}$ のとき，$x^2+xy+y^2$ の値として正しいものはどれか。

　1　15　　2　16　　3　17　　4　18　　5　19

$\boxed{7}$ $\dfrac{\sqrt{2}}{\sqrt{2}-1}$ の整数部分を $a$, 小数部分を $b$ とするとき, $b^2$ の値として正しいものはどれか。

  1 $2-\sqrt{2}$    2 $1+\sqrt{2}$    3 $2+\sqrt{2}$    4 $3+\sqrt{2}$
  5 $3-2\sqrt{2}$

$\boxed{8}$ ある中学校の生徒全員のうち, 男子の7.5%, 女子の6.4%を合わせて37人がバドミントン部員であり, 男子の2.5%, 女子の7.2%を合わせて25人が吹奏楽部員である。この中学校の女子全員の人数は何人か。

  1 246人    2 248人    3 250人    4 252人    5 254人

$\boxed{9}$ 連続した3つの正の偶数がある。その小さい方2数の2乗の和は, 一番大きい数の2乗に等しいという。この3つの数のうち, 最も大きい数として正しいものはどれか。

  1 6    2 8    3 10    4 12    5 14

○○○解答・解説○○○

$\boxed{1}$ 5

**解説** 実際に30を7で割ってみると,
$\dfrac{30}{7} = 4.28571428571\cdots\cdots$ となり, 小数点以下は, 6つの数字 "285714" が繰り返されることがわかる。$100 \div 6 = 16$ 余り4だから, 小数第100位は, "285714" のうちの4つ目の "7" である。

$\boxed{2}$ 1

**解説** $x=\sqrt{2}-1$ を $x+\dfrac{1}{x}$ に代入すると,

$$x+\frac{1}{x} = \sqrt{2}-1+\frac{1}{\sqrt{2}-1} = \sqrt{2}-1+\frac{\sqrt{2}+1}{(\sqrt{2}-1)(\sqrt{2}+1)}$$

$$= \sqrt{2}-1+\frac{\sqrt{2}+1}{2-1}$$

$$= \sqrt{2}-1+\sqrt{2}+1 = 2\sqrt{2}$$

$\boxed{3}$ 2

**解説** 360を素因数分解すると，$360 = 2^3 \times 3^2 \times 5$ であるから，約数の総和は$(1 + 2 + 2^2 + 2^3)(1 + 3 + 3^2)(1 + 5) = (1 + 2 + 4 + 8)(1 + 3 + 9)(1 + 5) = 15 \times 13 \times 6 = 1170$ である。

$\boxed{4}$ 4

**解説** $\dfrac{x}{2} = \dfrac{y}{3} = \dfrac{z}{5} = A$ とおく。

$x = 2A$，$y = 3A$，$z = 5A$ となるから，

$x - y + z = 2A - 3A + 5A = 4A$，$3x + y - z = 6A + 3A - 5A = 4A$

したがって，$\dfrac{x - y + z}{3x + y - z} = \dfrac{4A}{4A} = 1$ である。

$\boxed{5}$ 4

**解説** 分母を有理化する。

$\dfrac{\sqrt{2}}{\sqrt{2} - 1} = \dfrac{\sqrt{2}(\sqrt{2} + 1)}{(\sqrt{2} - 1)(\sqrt{2} + 1)} = \dfrac{2 + \sqrt{2}}{2 - 1} = 2 + \sqrt{2} = 2 + 1.414\cdots = 3.414\cdots$

であるから，$a = 3$であり，$b = (2 + \sqrt{2}) - 3 = \sqrt{2} - 1$ となる。

したがって，$a \times b = 3(\sqrt{2} - 1) = 3\sqrt{2} - 3$

$\boxed{6}$ 3

**解説** $(x + y)^2 = x^2 + 2xy + y^2$ であるから，

$x^2 + xy + y^2 = (x + y)^2 - xy$ と表せる。

ここで，$x + y = (\sqrt{5} + \sqrt{2}) + (\sqrt{5} - \sqrt{2}) = 2\sqrt{5}$，

$\qquad xy = (\sqrt{5} + \sqrt{2})(\sqrt{5} - \sqrt{2}) = 5 - 2 = 3$

であるから，求める$(x + y)^2 - xy = (2\sqrt{5})^2 - 3 = 20 - 3 = 17$

$\boxed{7}$ 5

**解説** 分母を有理化すると，

$\dfrac{\sqrt{2}}{\sqrt{2} - 1} = \dfrac{\sqrt{2}(\sqrt{2} + 1)}{(\sqrt{2} - 1)(\sqrt{2} + 1)} = \dfrac{2 + \sqrt{2}}{2 - 1} = 2 + \sqrt{2}$

$\sqrt{2} = 1.4142\cdots\cdots$であるから，$2 + \sqrt{2} = 2 + 1.4142\cdots\cdots = 3.14142\cdots\cdots$

したがって，$a = 3$，$b = 2 + \sqrt{2} - 3 = \sqrt{2} - 1$といえる。

したがって，$b^2 = (\sqrt{2} - 1)^2 = 2 - 2\sqrt{2} + 1 = 3 - 2\sqrt{2}$である。

$\boxed{8}$ 3

**解説** 男子全員の人数を $x$，女子全員の人数を $y$ とする。

$0.075x + 0.064y = 37\cdots$①

$0.025x + 0.072y = 25\cdots$②

①$-$②$\times 3$ より

$$\begin{array}{r} \begin{cases} 0.075x + 0.064y = 37\cdots① \\ 0.075x + 0.216y = 75\cdots②' \end{cases} \\ \hline -0.152y = -38 \end{array}$$

$\therefore \quad 152y = 38000 \quad \therefore \quad y = 250 \quad x = 280$

よって，女子全員の人数は250人。

$\boxed{9}$ 3

**解説** 3つのうちの一番小さいものを $x(x>0)$ とすると，連続した3つの正の偶数は，$x$, $x+2$, $x+4$ であるから，与えられた条件より，次の式が成り立つ。$x^2+(x+2)^2=(x+4)^2$ かっこを取って，$x^2+x^2+4x+4=x^2+8x+16$ 整理して，$x^2-4x-12=0$ よって，$(x+2)(x-6)=0$ よって，$x=-2, 6$ $x>0$ だから，$x=6$ である。したがって，3つの偶数は，6, 8, 10である。このうち最も大きいものは，10である。

## 演習問題

⬚1 家から駅までの道のりは30kmである。この道のりを，初めは時速5km，途中から，時速4kmで歩いたら，所要時間は7時間であった。時速5kmで歩いた道のりとして正しいものはどれか。

  1　8km　　2　10km　　3　12km　　4　14km　　5　15km

⬚2 横の長さが縦の長さの2倍である長方形の厚紙がある。この厚紙の四すみから，一辺の長さが4cmの正方形を切り取って，折り曲げ，ふたのない直方体の容器を作る。その容積が64cm³のとき，もとの厚紙の縦の長さとして正しいものはどれか。

  1　$6 - 2\sqrt{3}$　　2　$6 - \sqrt{3}$　　3　$6 + \sqrt{3}$　　4　$6 + 2\sqrt{3}$
  5　$6 + 3\sqrt{3}$

⬚3 縦50m，横60mの長方形の土地がある。この土地に，図のような直角に交わる同じ幅の通路を作る。通路の面積を土地全体の面積の$\dfrac{1}{3}$以下にするには，通路の幅を何m以下にすればよいか。

  1　8m　　2　8.5m　　3　9m　　4　10m
  5　10.5m

⬚4 下の図のような，曲線部分が半円で，1周の長さが240mのトラックを作る。中央の長方形ABCDの部分の面積を最大にするには，直線部分ADの長さを何mにすればよいか。次から選べ。

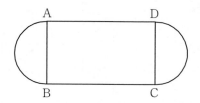

  1　56m　　2　58m　　3　60m　　4　62m　　5　64m

5 AとBの2つのタンクがあり，Aには8m³，Bには5m³の水が入っている。Aには毎分1.2m³，Bには毎分0.5m³ずつの割合で同時に水を入れ始めると，Aの水の量がBの水の量の2倍以上になるのは何分後からか。正しいものはどれか。

  1　8分後　　　2　9分後　　　3　10分後　　　4　11分後　　　5　12分後

○○○解答・解説○○○

1 2

**解説**　時速5kmで歩いた道のりを$x$kmとすると，時速4kmで歩いた道のりは，$(30-x)$kmであり，時間＝距離÷速さ　であるから，次の式が成り立つ。

$$\frac{x}{5}+\frac{30-x}{4}=7$$

両辺に20をかけて，$4x+5(30-x)=7\times20$

整理して，$4x+150-5x=140$

  よって，$x=10$ である。

2 4

**解説**　厚紙の縦の長さを$x$cmとすると，横の長さは$2x$cmである。また，このとき，容器の底面は，縦$(x-8)$cm，横$(2x-8)$cmの長方形で，容器の高さは4cmである。

厚紙の縦，横，及び，容器の縦，横の長さは正の数であるから，

  $x>0$，$x-8>0$，$2x-8>0$

すなわち，$x>8$……①

容器の容積が64cm³であるから，

$4(x-8)(2x-8)=64$となり，

  $(x-8)(2x-8)=16$

これより，$(x-8)(x-4)=8$

$x^2-12x+32=8$となり，$x^2-12x+24=0$

よって，$x=6\pm\sqrt{6^2-24}=6\pm\sqrt{12}=6\pm2\sqrt{3}$

このうち①を満たすものは，$x=6+2\sqrt{3}$

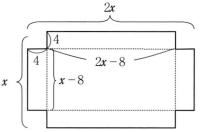

$\boxed{3}$ 4

**解説** 通路の幅を$x$mとすると，$0<x<50$……①
また，$50x+60x-x^2\leqq1000$
よって，$(x-10)(x-100)\geqq0$
したがって，$x\leqq10$，$100\leqq x$……②
①②より，$0<x\leqq10$　つまり，10m以下。

$\boxed{4}$ 3

**解説** 直線部分ADの長さを$x$mとおくと，$0<2x<240$より，
$x$のとる値の範囲は，$0<x<120$である。

半円の半径を$r$mとおくと，
$2\pi r=240-2x$より，
$r=\dfrac{120}{\pi}-\dfrac{x}{\pi}=\dfrac{1}{\pi}(120-x)$

長方形ABCDの面積を$y$m²とすると，

$y=2r\cdot x=2\cdot\dfrac{1}{\pi}(120-x)x$

$\quad=-\dfrac{2}{\pi}(x^2-120x)$

$\quad=-\dfrac{2}{\pi}(x-60)^2+\dfrac{7200}{\pi}$

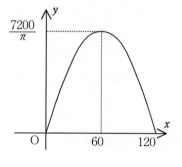

この関数のグラフは，図のようになる。$y$は$x=60$のとき最大となる。

$\boxed{5}$ 3

**解説** $x$分後から2倍以上になるとすると，題意より次の不等式が成り
立つ。

$\qquad8+1.2x\geqq2(5+0.5x)$

かっこをはずして，$8+1.2x\geqq10+x$
整理して，$0.2x\geqq2$　よって，$x\geqq10$
つまり10分後から2倍以上になる。

## 演習問題

1 1個のさいころを続けて3回投げるとき，目の和が偶数になるような場合は何通りあるか。正しいものを選べ。

  1  106通り    2  108通り    3  110通り    4  112通り

  5  115通り

2 A，B，C，D，E，Fの6人が2人のグループを3つ作るとき，AとBが同じグループになる確率はどれか。正しいものを選べ。

  1  $\dfrac{1}{6}$    2  $\dfrac{1}{5}$    3  $\dfrac{1}{4}$    4  $\dfrac{1}{3}$    5  $\dfrac{1}{2}$

○○○解答・解説○○○

1 2

解説 和が偶数になるのは，3回とも偶数の場合と，偶数が1回で，残りの2回が奇数の場合である。さいころの目は，偶数と奇数はそれぞれ3個だから，

(1)　3回とも偶数：$3 \times 3 \times 3 = 27$〔通り〕

(2)　偶数が1回で，残りの2回が奇数

  ・偶数/奇数/奇数：$3 \times 3 \times 3 = 27$〔通り〕

  ・奇数/偶数/奇数：$3 \times 3 \times 3 = 27$〔通り〕

  ・奇数/奇数/偶数：$3 \times 3 \times 3 = 27$〔通り〕

したがって，合計すると，$27 + (27 \times 3) = 108$〔通り〕である。

2 2

解説 A，B，C，D，E，Fの6人が2人のグループを3つ作るときの，すべての作り方は$\dfrac{{}_6C_2 \times {}_4C_2}{3!} = 15$通り。このうち，AとBが同じグループになるグループの作り方は$\dfrac{{}_4C_2}{2!} = 3$通り。よって，求める確率は$\dfrac{3}{15} = \dfrac{1}{5}$である。

## 演習問題

1 次の図で，直方体ABCD－EFGHの辺 AB，BCの中点をそれぞれ M，Nとする。この直方体を3点M，F，Nを通る平面で切り，頂点B を含むほうの立体をとりさる。AD＝DC ＝8cm，AE＝6cmのとき，△MFNの 面積として正しいものはどれか。

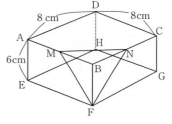

1　$3\sqrt{22}$〔cm²〕　　2　$4\sqrt{22}$〔cm²〕

3　$5\sqrt{22}$〔cm²〕　　4　$4\sqrt{26}$〔cm²〕

5　$4\sqrt{26}$〔cm²〕

2 右の図において，四角形ABCDは円に内 接しており，弧BC＝弧CDである。AB，AD の延長と点Cにおけるこの円の接線との交点 をそれぞれP，Qとする。AC＝4cm，CD＝ 2cm，DA＝3cmとするとき，△BPCと△ APQの面積比として正しいものはどれか。

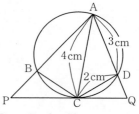

　1　1：5　　2　1：6　　3　1：7　　4　2：15　　5　3：20

3 1辺の長さが15のひし形がある。その対角線の長さの差は6である。 このひし形の面積として正しいものは次のどれか。

　1　208　　2　210　　3　212　　4　214　　5　216

4 右の図において，円$C_1$の 半径は2，円$C_2$の半径は5，2 円の中心間の距離は$O_1O_2$＝9 である。2円の共通外接線$l$と2 円$C_1$，$C_2$との接点をそれぞれA， Bとするとき，線分ABの長さ として正しいものは次のどれ か。

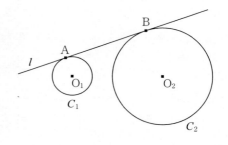

　1　$3\sqrt{7}$　　2　8　　3　$6\sqrt{2}$　　4　$5\sqrt{3}$　　5　$4\sqrt{5}$

5 下の図において，点Eは，平行四辺形ABCDの辺BC上の点で，AB＝AEである。また，点Fは，線分AE上の点で，∠AFD＝90°である。∠ABE＝70°のとき，∠CDFの大きさとして正しいものはどれか。

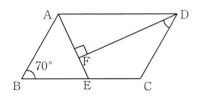

1 48°　　2 49°　　3 50°　　4 51°　　5 52°

6 底面の円の半径が4で，母線の長さが12の直円すいがある。この円すいに内接する球の半径として正しいものは次のどれか。

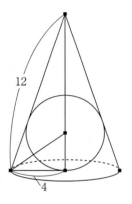

1 $2\sqrt{2}$

2 3

3 $2\sqrt{3}$

4 $\dfrac{8}{3}\sqrt{2}$

5 $\dfrac{8}{3}\sqrt{3}$

○○○解答・解説○○○

1 2

**解説** △MFNはMF＝NFの二等辺三角形。MB＝$\dfrac{8}{2}$＝4, BF＝6より，

MF$^2$＝$4^2+6^2$＝52

また，MN＝$4\sqrt{2}$

FからMNに垂線FTを引くと，△MFTで三平方の定理より，

FT$^2$＝MF$^2$－MT$^2$＝$52-\left(\dfrac{4\sqrt{2}}{2}\right)^2$＝$52-8$＝44

よって，FT＝$\sqrt{44}$＝$2\sqrt{11}$

したがって，△MFN＝$\dfrac{1}{2}$・$4\sqrt{2}$・$2\sqrt{11}$＝$4\sqrt{22}$〔cm$^2$〕

**解説** ∠PBC = ∠CDA，∠PCB = ∠BAC = ∠CADから，
△BPC∽△DCA

相似比は2：3，面積比は，4：9

また，△CQD∽△AQCで，相似比は1：2，面積比は1：4

したがって，△DCA：△AQC = 3：4

よって，△BPC：△DCA：△AQC = 4：9：12

さらに，△BPC∽△CPAで，相似比1：2，面積比1：4

よって，△BPC：△APQ = 4：(16 + 12) = 4：28 = 1：7

$\boxed{3}$ 5

**解説** 対角線のうちの短い方の長さの半分の長さを$x$とすると，長い方の対角線の長さの半分は，$(x+3)$と表せるから，三平方の定理より次の式がなりたつ。

$$x^2 + (x+3)^2 = 15^2$$

整理して，$2x^2 + 6x - 216 = 0$　よって，$x^2 + 3x - 108 = 0$

$(x-9)(x+12) = 0$より，$x = 9, -12$　$x$は正だから，$x = 9$である。

したがって，求める面積は，$4 \times \dfrac{9 \times (9+3)}{2} = 216$

$\boxed{4}$ 5

**解説** 円の接線と半径より
$O_1A \perp l$，$O_2B \perp l$であるから，
点$O_1$から線分$O_2B$に垂線$O_1H$を
下ろすと，四角形$AO_1HB$は長方
形で，

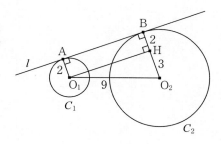

　　$HB = O_1A = 2$だから，
$O_2H = 3$
△$O_1O_2H$で三平方の定理より，
　　$O_1H = \sqrt{9^2 - 3^2} = 6\sqrt{2}$
　　よって，$AB = O_1H = 6\sqrt{2}$

**解説** ∠AEB = ∠ABE = 70°より, ∠AEC = 180 − 70 = 110°
また, ∠ABE + ∠ECD = 180°より, ∠ECD = 110°
四角形FECDにおいて, 四角形の内角の和は360°だから,

∠CDF = 360° − (90° + 110° + 110°) = 50°

**解説** 円すいの頂点をA, 球の中心を
O, 底面の円の中心をHとする。3点A, O,
Hを含む平面でこの立体を切断すると,
断面は図のような二等辺三角形とその内
接円であり, 求めるものは内接円の半径
OHである。

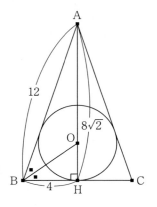

△ABHで三平方の定理より,

AH$=\sqrt{12^2 - 4^2} = 8\sqrt{2}$

Oは三角形ABCの内心だから, BO
は∠ABHの2等分線である。

よって, AO : OH = BA : BH = 3 : 1

OH$= \dfrac{1}{4}$AH$= 2\sqrt{2}$

## 演習問題

[1] O市，P市，Q市の人口密度（1km²あたりの人口）を下表に示して
ある，O市とQ市の面積は等しく，Q市の面積はP市の2倍である。

| 市 | 人口密度 |
|---|---|
| O | 390 |
| P | 270 |
| Q | 465 |

このとき，次の推論ア，イの正誤として，正しいものはどれか。

ア　P市とQ市を合わせた地域の人口密度は300である

イ　P市の人口はQ市の人口より多い

　1　アもイも正しい

　2　アは正しいが，イは誤り

　3　アは誤りだが，イは正しい

　4　アもイも誤り

　5　アもイもどちらとも決まらない

[2] 2から10までの数を1つずつ書いた9枚のカードがある。A，B，C
の3人がこの中から任意の3枚ずつ取ったところ，Aの取ったカード
に書かれていた数の合計は15で，その中には，5が入っていた。Bの取っ
たカードに書かれていた数の合計は16で，その中には，8が入っていた。
Cの取ったカードに書かれていた数の中に入っていた数の1つは，次の
うちのどれか。

　1　2　　2　3　　3　4　　4　6　　5　7

[3] 体重の異なる8人が，シーソーを使用して，一番重い人と2番目に
重い人を選び出したい。シーソーでの重さ比べを，少なくとも何回行わ
なければならないか。ただし，シーソーには両側に1人ずつしか乗らない
ものとする。

　1　6回　　2　7回　　3　8回　　4　9回　　5　10回

4 A～Fの6人がゲーム大会をして，優勝者が決定された。このゲーム大会の前に6人は，それぞれ次のように予想を述べていた。予想が当たったのは2人のみで，あとの4人ははずれであった。予想が当たった2人の組み合わせとして正しいものはどれか。

A 「優勝者は，私かCのいずれかだろう。」
B 「優勝者は，Aだろう。」
C 「Eの予想は当たるだろう。」
D 「優勝者は，Fだろう。」
E 「優勝者は，私かFのいずれかだろう。」
F 「Aの予想ははずれるだろう。」

　1 A，B　　2 A，C　　3 B，D　　4 C，D　　5 D，E

5 ある会合に参加した人30人について調査したところ，傘を持っている人，かばんを持っている人，筆記用具を持っている人の数はすべて1人以上29人以下であり，次の事実がわかった。

ⅰ) 傘を持っていない人で，かばんを持っていない人はいない。
ⅱ) 筆記用具を持っていない人で，かばんを持っている人はいない。

このとき，確実に言えるのは次のどれか。

1 かばんを持っていない人で，筆記用具を持っている人はいない。
2 傘を持っている人で，かばんを持っている人はいない。
3 筆記用具を持っている人で，傘を持っていない人はいない。
4 傘を持っていない人で，筆記用具を持っていない人はいない。
5 かばんを持っている人で，傘を持っている人はいない。

6 次A，B，C，D，Eの5人が，順に赤，緑，白，黒，青の5つのカードを持っている。また赤，緑，白，黒，青の5つのボールがあり，各人がいずれか1つのボールを持っている。各自のカードの色とボールの色は必ずしも一致していない。持っているカードの色とボールの色の組み合わせについてア，イのことがわかっているとき，Aの持っているボールの色は何色か。ただし，以下でXとY2人の色の組み合わせが同じであるとは，「Xのカード，ボールの色が，それぞれYのボール，カードの色と一致」していることを意味する。

ア　CとEがカードを交換すると，CとDの色の組み合わせだけが同じになる。
イ　BとDがボールを交換すると，BとEの色の組み合わせだけが同じ

になる。
1　青　　2　緑　　3　黒　　4　赤　　5　白

○○○解答・解説○○○

[1] 3

**解説**　「O市とQ市の面積は等しく，Q市の面積はP市の2倍」ということから，仮にO市とQ市の面積を1km²，P市の面積を2km²と考える。

ア…P市の人口は270×2＝540人，Q市の人口は465×1＝465人で，2つの市を合わせた地域の面積は3km2なので，人口密度は，（540＋465）÷3＝335人になる。

イ…P市の人口は540人，Q市は465人なので，P市の方が多いので正しいといえる。

よって推論アは誤りだが，推論イは正しい。

よって正解は3である。

[2] 3

**解説**　まず，Bが取った残りの2枚のカードに書かれていた数の合計は，16－8＝8である。したがって2枚のカードはどちらも6以下である。ところが「5」はAが取ったカードにあるから除くと，「2」，「3」，「4」，「6」の4枚となるが，この中で2数の和が8になるのは，「2」と「6」しかない。

次にAが取った残りの2枚のカードに書かれていた数の合計は，15－5＝10である。したがって2枚のカードはどちらも8以下である。この中で，すでにA自身やBが取ったカードを除くと「3」，「4」，「7」の3枚となるが，この中で2数の和が10になるのは，「3」と「7」のみである。

以上のことから，Cの取った3枚のカードは，AとBが取った残りの「4」「9」「10」である。

[3] 4

**解説**　全員の体重が異なるのだから，1人ずつ比較するしかない。したがって一番重い人を見つけるには，8チームによるトーナメント試合数，すなわち8－1＝7（回）でよい。図

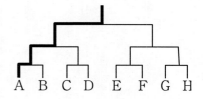

は8人をA～Hとしてその方法を表したもので，Aが最も重かった場合である。次に2番目に重い人の選び出し方であるが，2番目に重い人の候補になるのは，図でAと比較してAより軽いと判断された3人である。すなわち最初に比較したBと，2回目に比較したC，Dのうちの重い方と，最後にAと比較したE～Hの中で一番重い人の3人である。そしてこの3人の中で一番重い人を見つける方法は2回でよい。結局，少なくとも7＋2＝9（回）の重さ比べが必要であるといえる。

**4** 1

**解説** 下の表は，縦の欄に優勝したと仮定した人。横の欄に各人の予想が当たったか（○）はずれたか（×）を表したものである。

|   | A | B | C | D | E | F |
|---|---|---|---|---|---|---|
| A | ○ | ○ | × | × | × | × |
| B | × | × | × | × | × | ○ |
| C | ○ | × | × | × | × | × |
| D | × | × | × | × | × | ○ |
| E | × | × | ○ | × | ○ | ○ |
| F | × | × | ○ | ○ | ○ | ○ |

「予想が当たったのは，2人のみ」という条件を満たすのは，Aが優勝したと仮定したときのAとBのみである。よって，1が正しい。

**5** 3

**解説** ⅰ）ⅱ）より集合の包含関係は図のようになっている。

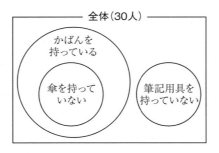

図より，傘を持っていない人の集合と，筆記用具を持っていない人の集

合の共通部分は空集合であり，選択肢1，2，3，5については必ずしも空集合とは限らない。

したがって，確実に言えるのは「傘を持っていない人で，筆記用具を持っていない人はいない」のみである。

**6** 5

**解説** 最初の状態は，

|  | A | B | C | D | E |
|---|---|---|---|---|---|
| カード | 赤 | 緑 | 白 | 黒 | 青 |

まずアより，EとCがカードを交換した場合，CとDの色の組み合わせだけが同じになることから，ボールの色が次のように決まる。

|  | A | B | C | D | E |
|---|---|---|---|---|---|
| カード | 赤 | 緑 | 青 | 黒 | 白 |
| ボール |  |  | 黒 | 青 |  |

つまり，Cのボールが黒，Dのボールが青と決まる。
カード交換前のカードの色で表すと，

|  | A | B | C | D | E |
|---|---|---|---|---|---|
| カード | 赤 | 緑 | 白 | 黒 | 青 |
| ボール |  |  | 黒 | 青 |  |

さらにイより，BとDがボールを交換すると，BとEの色の組み合わせだけが同じになることから，Eのボールの色が緑ときまる。つまり，

|  | A | B | C | D | E |
|---|---|---|---|---|---|
| カード | 赤 | 緑 | 白 | 黒 | 青 |
| ボール |  |  | 黒 | 青 | 緑 |

ここで，Bのボールの色が白だとすると，Dとボールを交換したときに，CとDが黒と白で同じ色の組み合わせになってしまう。したがって，Aのボールの色が白，Bのボールの色が赤といえる。

つまり，次のように決まる。

|  | A | B | C | D | E |
|---|---|---|---|---|---|
| カード | 赤 | 緑 | 白 | 黒 | 青 |
| ボール | 白 | 赤 | 黒 | 青 | 緑 |

## ● 情報提供のお願い ●

　就職活動研究会では，就職活動に関する情報を募集していま
す。

　エントリーシートやグループディスカッション，面接，筆記
試験の内容等について情報をお寄せください。ご応募はメール
アドレス（edit@kyodo-s.jp）へお願いいたします。お送りくださ
いました方々には薄謝をさしあげます。

　ご協力よろしくお願いいたします。

会社別就活ハンドブックシリーズ

# スクウェア・エニックス HD の
# 就活ハンドブック

編　者　就職活動研究会

発　行　令和 6 年 2 月 25 日

発行者　小貫輝雄

発行所　協同出版株式会社
　　　　〒 101 − 0054
　　　　東京都千代田区神田錦町 2 − 5
　　　　電話　03 − 3295 − 1341
　　　　振替　東京00190 − 4 − 94061

印刷所　協同出版・POD 工場

落丁・乱丁はお取り替えいたします

## ●2025年度版●
# 会社別就活ハンドブックシリーズ
【全111点】

## 運　輸

| | |
|---|---|
| 東日本旅客鉄道の就活ハンドブック | 小田急電鉄の就活ハンドブック |
| 東海旅客鉄道の就活ハンドブック | 阪急阪神HDの就活ハンドブック |
| 西日本旅客鉄道の就活ハンドブック | 商船三井の就活ハンドブック |
| 東京地下鉄の就活ハンドブック | 日本郵船の就活ハンドブック |

## 機　械

| | |
|---|---|
| 三菱重工業の就活ハンドブック | 浜松ホトニクスの就活ハンドブック |
| 川崎重工業の就活ハンドブック | 村田製作所の就活ハンドブック |
| IHIの就活ハンドブック | クボタの就活ハンドブック |
| 島津製作所の就活ハンドブック | |

## 金　融

| | |
|---|---|
| 三菱UFJ銀行の就活ハンドブック | 野村證券の就活ハンドブック |
| 三菱UFJ信託銀行の就活ハンドブック | りそなグループの就活ハンドブック |
| みずほFGの就活ハンドブック | ふくおかFGの就活ハンドブック |
| 三井住友銀行の就活ハンドブック | 日本政策投資銀行の就活ハンドブック |
| 三井住友信託銀行の就活ハンドブック | |

## 建設・不動産

| | |
|---|---|
| 三菱地所の就活ハンドブック | 鹿島建設の就活ハンドブック |
| 三井不動産の就活ハンドブック | 大成建設の就活ハンドブック |
| 積水ハウスの就活ハンドブック | 清水建設の就活ハンドブック |
| 大和ハウス工業の就活ハンドブック | |

## 資源・素材

| | |
|---|---|
| 旭旭化成グループの就活ハンドブック | 関西電力の就活ハンドブック |
| 東レの就活ハンドブック | 日本製鉄の就活ハンドブック |
| ワコールの就活ハンドブック | 中部電力の就活ハンドブック |

九州電力の就活ハンドブック

## 自動車

トヨタ自動車の就活ハンドブック

デンソーの就活ハンドブック

本田技研工業の就活ハンドブック

日産自動車の就活ハンドブック

## 商　社

三菱商事の就活ハンドブック

伊藤忠商事の就活ハンドブック

住友商事の就活ハンドブック

双日の就活ハンドブック

丸紅の就活ハンドブック

豊田通商の就活ハンドブック

三井物産の就活ハンドブック

## 情報通信・IT

NTT データの就活ハンドブック

サイバーエージェントの就活ハンドブック

NTT ドコモの就活ハンドブック

LINE ヤフーの就活ハンドブック

野村総合研究所の就活ハンドブック

SCSK の就活ハンドブック

日本電信電話の就活ハンドブック

富士ソフトの就活ハンドブック

KDDI の就活ハンドブック

日本オラクルの就活ハンドブック

ソフトバンクの就活ハンドブック

GMO インターネットグループ

楽天の就活ハンドブック

オービックの就活ハンドブック

mixi の就活ハンドブック

DTS の就活ハンドブック

グリーの就活ハンドブック

TIS の就活ハンドブック

## 食品・飲料

サントリー HD の就活ハンドブック

日本たばこ産業 の就活ハンドブック

味の素の就活ハンドブック

日清食品グループの就活ハンドブック

キリン HD の就活ハンドブック

山崎製パンの就活ハンドブック

アサヒグループ HD の就活ハンドブック

キユーピーの就活ハンドブック

## 生活用品

資生堂の就活ハンドブック

武田薬品工業の就活ハンドブック

花王の就活ハンドブック

## 電気機器

| | |
|---|---|
| 三菱電機の就活ハンドブック | パナソニックの就活ハンドブック |
| ダイキン工業の就活ハンドブック | 富士通の就活ハンドブック |
| ソニーの就活ハンドブック | キヤノンの就活ハンドブック |
| 日立製作所の就活ハンドブック | 京セラの就活ハンドブック |
| ＮＥＣの就活ハンドブック | オムロンの就活ハンドブック |
| 富士フイルム HD の就活ハンドブック | キーエンスの就活ハンドブック |

## 保　険

| | |
|---|---|
| 東京海上日動火災保険の就活ハンドブック | 三井住友海上火災保険の就活ハンドブック |
| 第一生命ホールディングスの就活ハンドブック | 損保ジャパンの就活ハンドブック |

## メディア

| | |
|---|---|
| 日本印刷の就活ハンドブック | エイベックスの就活ハンドブック |
| 博報堂 DY の就活ハンドブック | 東宝の就活ハンドブック |
| TOPPAN ホールディングスの就活ハンドブック | |

## 流通・小売

| | |
|---|---|
| ニトリ HD の就活ハンドブック | ZOZO の就活ハンドブック |
| イオンの就活ハンドブック | |

## エンタメ・レジャー

| | |
|---|---|
| オリエンタルランドの就活ハンドブック | 任天堂の就活ハンドブック |
| アシックスの就活ハンドブック | カプコンの就活ハンドブック |
| バンダイナムコ HD の就活ハンドブック | セガサミー HD の就活ハンドブック |
| コナミグループの就活ハンドブック | タカラトミーの就活ハンドブック |
| スクウェア・エニックス HD の就活ハンドブック | |

▼会社別就活ハンドブックシリーズにつきましては，協同出版
のホームページからもご注文ができます。詳細は下記のサイ
トでご確認下さい。

https://kyodo-s.jp/examination_company